中國學術思想 研究輯刊

三五編

林慶彰 主編

第 7 冊

魏晉玄學新論
——從王弼到嵇康的典範轉移（上）

謝大寧 著

花木蘭文化事業有限公司

國家圖書館出版品預行編目資料

魏晉玄學新論——從王弼到嵇康的典範轉移（上）／謝大寧
著 -- 初版 -- 新北市：花木蘭文化事業有限公司，2022〔民
111〕
序 4+ 目 2+164 面；19×26 公分
（中國學術思想研究輯刊 三五編；第 7 冊）
ISBN 978-986-518-809-2（精裝）
1.CST：玄學 2.CST：魏晉南北朝哲學
030.8   110022425

ISBN-978-986-518-809-2

9 789865 188092

中國學術思想研究輯刊
三五編 第 七 冊   ISBN：978-986-518-809-2

魏晉玄學新論
——從王弼到嵇康的典範轉移（上）

作　　者　謝大寧
主　　編　林慶彰
總 編 輯　杜潔祥
副總編輯　楊嘉樂
編輯主任　許郁翎
編　　輯　張雅淋、潘玟靜、劉子瑄　美術編輯　陳逸婷
出　　版　花木蘭文化事業有限公司
發 行 人　高小娟
聯絡地址　235 新北市中和區中安街七二號十三樓
　　　　　電話：02-2923-1455 ／傳真：02-2923-1452
網　　址　http://www.huamulan.tw 信箱 service@huamulans.com
印　　刷　普羅文化出版廣告事業
封面設計　劉開工作室
初　　版　2022 年 3 月
定　　價　三五編 23 冊（精裝）新台幣 62,000 元

魏晉玄學新論
——從王弼到嵇康的典範轉移（上）

謝大寧　著

作者簡介

謝大寧，畢業於國立台灣師範大學國文研究所，民國 78 年獲得文學博士學位，博士論文題為「從災異到玄學」。

畢業後旋即任教於國立中正大學中文系，歷任副教授、教授、系主任。民國 98 年自中正大學退休，旋即轉任佛光大學中文系、佛教學系教授及中文系主任。目前仍為佛光大學中文系教授及國際長。

主要研究方向，早期求學期間比較偏向中國思想史，畢業後則主要以中國哲學為專業，大致涵蓋儒釋道等領域，並兼及中國哲學史的問題。近年則用力於「經典詮釋」的領域，希望藉著檢討中國哲學近年來比較哲學走向的問題，來展開另一個有關經典的意義詮釋領域，這是一個更具有開拓價值的領域。

三十年來，發表的專書包括《儒家圓教底再詮釋》、《歷史的嵇康與玄學的嵇康》以及《勝鬘經講記》等，單篇論文大約六十篇。

提　要

筆者這部擬定名為《魏晉玄學新論——從王弼到嵇康的典範轉移》的論文集，蒐集了筆者這二十幾年來有關魏晉玄學的新思考。這些論文大致以兩篇論文為核心，一篇是一部完整的著作，也就是《歷史的嵇康與玄學的嵇康》這篇我當年升等教授的升等論文，以及〈中國玄學的重新分期〉這篇單篇論文。根據這兩篇論文，我提供了一個有關魏晉玄學的全新圖像，一個完全不同於傳統常識性觀點的圖像，這當然是一件十分大膽的事。我的新圖像和傳統的玄學圖像是完全不可共量的，簡單說，傳統的玄學圖像是一個以王弼為核心所構築的圖像，而我的新圖像則是一幅以嵇康為核心所重新描繪的圖像，王弼則被我給放回到了漢朝的學術脈絡之中。這個觀點無疑是個顛覆性的觀點，但我之所以敢提出這麼一個大膽的顛覆性觀點，並非來自於我喜歡標新立異，而是實在有不得不然的理由，所謂予豈好辯哉，予不得已也，大概就是這樣吧！

傳統的玄學圖像給我帶來的第一次困擾，其實發生在我撰寫博士論文的時期。當時我在處理的是一個有關兩漢思想史基本結構的問題，我希望能夠以一個比較具有內在理路的方式，來重新勾勒為什麼可以由先秦思想轉向到兩漢思想，又為什麼兩漢思想會過渡到魏晉玄學？對這個論題的前一半，無論我處理得好不好，我自認整體的邏輯還是流暢的，證據基本也還算充分，但後一半的論題，我就遭遇了重大難題。我在一般中國思想史理解的基礎上，對魏晉玄學有了一個輪廓性的認識，這個認識當然是奠基在湯用彤先生所建立的典範之上的，最多只是加上了牟宗三先生的哲學修正。但是問題就來了。我根據傳統的對魏晉玄學的認識，進入到這個思想史的論題後，我幾乎找不到任何邏輯轉折的可能性。對於此一論題，我雖然完成了博士論文，但我心裡十分清楚，我的處理基本上是失敗的。於是，這個遺憾就一直迫使我必須尋求補過之道。今天這部擬出版的論文集，其實就是完整記錄了我補過的過程。

據我目前的了解，由湯用彤先生所奠定的傳統理解玄學的典範，其實根本開始於一些倒果為因的誤解與想像，他的所有論據其實都是靠不住，也禁不起推敲的，在本書中我的許多篇論文都在針對湯先生的誤解與想像，提出全面性的批判，因為拆掉這些誤會，我們才能為新典範的誕生清出空間。在我認為，牟先生的工作已經為我的這個清理工作，做出了哲學層次的引導，

但是牟先生還是跟湯先生的典範綁得太緊了，以至於反而給整體魏晉玄學的清理工作，帶來了困擾，這困擾就在對王弼思想的處理上。

王弼思想的確是個不好處理的問題，他太重要，也太模糊。他的兩本著作都是典範性的，《周易注》與《老子注》的地位不需要多所闡明，但是這樣由同一位天才少年所寫的兩部著作，彼此的思想關聯卻是充滿疑竇的。我們歷來的常識性觀點，認為王弼是根據「援老入易」的觀點寫就，也就是說王弼確定是根據道家思想來改造了《周易》的思想，一般論者似乎都以毫無質疑的態度，直接接受了這樣一個「先驗性」的論斷，但是在我整體的了解後，卻很詫異地發現，這個論斷不只缺乏真正的證據，而且為魏晉玄學帶來了災難性的後果。因為正是由於這個原因，讓我根本無法在思想史的脈絡上，可以邏輯地聯繫起兩漢和魏晉間的關係。這個發現迫使我也必須進一步重新處理王弼，並對王弼思想進行重新定位。而我的基本結論就是，王弼思想確實與漢代主流思想有所不同，但他的主要關切點是易學，而非道家，他在思想史上的定位，也只能是終結漢代思想的人，但卻不可能是魏晉玄學的發起者。

清理了王弼之後，我的難題隨之而來，那就是該如何理解玄學思想的發生呢？傳統上是把這個問題寄託在王弼與何晏身上，主要當然就是王弼。但若王弼被我從玄學的脈絡中清理出去，那麼玄學的起處又該落實在誰身上呢？針對這個問題，我的主要線索出現，就在於《老》、《莊》、《易》這三部書在魏晉時期聲量的分途發展上。我們都知道，玄學的得名是南北朝時期把《老》、《莊》、《易》合稱三玄所致，但是如果我們再仔細注意一下，就會發現在不同時期，這三部書被當時知識份子討論的頻率是不一致的。它明顯地分成了兩組，《易》與《老》是一組，大抵流行在正始之前，《莊子》則是在正始之後成為一支獨秀的狀況，而且討論《易》、《老》的模式與討論《莊子》的模式也顯然不同，這情形當然不會是偶然的。傳統的玄學典範並未把這一現象納入討論，這是因為它以王弼為核心，因此即使這個現象是個很顯著的現象，一般論者也不會把它當成有意義的論題。但是當王弼的論點被拿開後，這現象的意義就出現了。從這一線索，我乃注意到了嵇康的地位。

莊子是真正決定魏晉玄學性格的主導思想，但莊子思想畢竟在兩漢整整隱沒了四五百年，從思想史的角度看，該如何理解這個思想的突然重現呢？如果從思想史的內在理路來看，這個問題實在不好解釋，因為莊子思想的重現，相當程度上乃是一個偶然事件。如果說要把一個偶然事件，變成一個思想史脈絡的解釋，這的確需要特別堅強的理由，而從王弼身上很難找到這樣的理由，但是如果從嵇康身上來看，則恰好可以提供特別符合邏輯的詮釋。嵇康作為曹家女婿，在高平陵事件後，成為政治黑名單人物，以此被迫隱居山陽打鐵。但嵇康沒有屈服於這個命運，他想把自己的隱居生活活出一個格調來，因此莊子乃進入了他的視野。這個故事在當時是有名的，加上嵇康與阮籍在後來魏晉士人中的影響力，這的確可以作為一個詮釋的脈絡來看。於是我就從這一點出發，開始了我改以嵇康為典範，重構整套魏晉玄學詮釋的努力。

以上就是我在這部書中，所做的最主要工作。我的確幾乎推翻了所有目前還是主流的魏晉玄學觀點，換句話說，我幾乎是在挑戰今天整個魏晉玄學學圈中的每一個人。從態勢上看，我這個挑戰的格局拉得實在有些大，因此我論點遭逢的攻擊也勢必會很多。雖然我必須說，截至目前為止，在台灣的學圈內，知道我論點的人不在少數，但是我得到的直接回應是少得可憐的，為什麼如此我實在很難揣測，也許跟我論文發表的方式有些關係吧！但我自問，因為我幾乎重構了所有魏晉玄學的論點，所以如果本書可以出版，學圈內的所有同行都可以比較完整地得到我的論點之後，也許他們就不會再迴避我的觀點了吧！學術的討論並不以贊同我的論點為前提，但就算不同意我的觀點，或者認為我的觀點是錯誤的，但因為我可能是魏晉玄學領域中，截至目前為止，唯一一個可以跳脫在湯先生、牟先生詮釋典範之外的論點，所以我的觀點也絕對是相關討論必須處理的一環，這是我的自信，也相信這是客觀學術討論所必須的。

上述這一基本架構，我大約完成於二十年前，近年由於研究方向的轉移，曾有一段時間不曾觸及魏晉玄學，直到幾年前的一些因緣，讓我想到我還必須對魏晉玄學的來龍去脈，做出更完整的處理，不能僅以把典範從王弼轉移到嵇康為已足。這也就是說除了搞清楚玄學是怎麼來的，還得回答玄學又往何處而去。當年湯用彤先生之所以研究玄學，乃是為了講好中國早期的佛教史，因為一般都認為正是玄學扮演了接引佛學的角色，所以佛學，特別是龍樹學，才得以順利被中國人所吸收。但是我也想到了，玄學接引了佛學這個命題固然是無法否認的事實，但這並不代表佛學就是玄學的歸宿，玄學跟佛學畢竟還是兩個不同的學問，所以我們不能只是用佛學把玄學消化掉了這樣的理由，來說明玄學往何處去的問題。針對這點，我乃又發表了幾篇論文，針對性地處理了這個問題。簡單說，我認為玄學以移形換位的方式，從莊子的精神中發展出了一套完整的美學理論，從而把玄學引向了後來中國文學與藝術之中，換言之，玄學並不是被佛學消化掉了，而是變成了中國文學與藝術的骨髓。這樣我就完整構築了一套有關玄學的理論與詮釋，這也就是這部書的另一個主要內容所在。

　　最後，必須說明的是，本書的論文撰寫時間跨度是很大的，至少超過了二十五個年頭，特別是二十年前的論文，它們撰寫時未必每一個論點都很成熟，因此如果細讀每篇文章，也許會發現有些論點被我後來推翻了，或者我也沒注意到可能前後會出現矛盾的論點，之所以會如此，主要是因為我的論點一直在發展當中，直到討論玄學分期的那篇文章完成，我的論點才算達到了比較穩定的狀態，在此之前，有些說法都不免有些飄移，所以如果發現這種情形，只能請讀者以我後出的論點為準。此外，我也必須說，我對一些論點處理得還是很不夠的，特別是王弼的思想，還需要非常系統的處理，否則就無法更堅強地撐住我的論點。這也是這部書不足的地方。我最近指導的一篇博士論文，就在更系統地處理有關王弼的問題，未來，我也會在這部書的基礎上，尋求更多的補強，這當然都只能俟諸異日了！

序　言

魏晉玄學是我學術路途中的一個偶然。這門學問其實和我的性格與興趣，是有些扞格的。我當然喜歡莊子，但沒有那種與生俱來的瀟灑氣，喜歡也就僅止於喜歡而已。所以理論上我應該是很難走進這個學問的。這個因緣純粹是因為當年學習處理兩漢思想史的問題，而偶然撞進了這個黑洞。在其他地方，我說我是在補過，補我博士論文的一大缺憾，不補，我真會覺得對不起那個博士學位，也因此，它竟然成了我生命中的一個必然。

我不諱言，由於是補過，我還是沒有太大興趣全面地處理魏晉玄學各個層面的論題。一些在我看來在玄學的思想史主脈絡之外的東西，就被我丟掉了，或者只以很簡略的方式帶過。這種處理方式，其實和湯用彤先生寫玄學論稿的方式還真有點類似，所以我也用了一個近似的標題，來紀念這段因緣。

但是同時，我也幾乎對湯用彤先生所創造的玄學詮釋典範，發起了全面的攻擊。必須說明的是，我毫無對湯先生不敬之心，能夠創造一個典範，無論如何都是歷史級別的人物，我只是覺得不要讓先生再背負那麼沈重的負擔，作為後輩學人，該走自己的路了。學術界大概還很少有一個知識架構可以維持一百年的，尤其是像湯先生這種開山的人物，在種種條件都不具備的狀況下，所開創的典範居然可以維持一百年，這顯示的絕對不是湯先生的天縱英明，而是後輩學人的沒有盡到責任！所以我的工作無論學界評價如何，對我個人來說，就是想讓湯先生知道，您的典範我們都已經虔誠受教，但是基於對一些基本問題的重新估量，我們必須放棄這個典範，走自己的路了。就是這麼簡單！

此外我也得特別提到，在我的思考過程中，和我的恩師牟宗三先生玄學思想的種種激盪。牟先生無疑是影響我最大的一位老師，但是我在玄學的許多論點上並未跟隨著他。曾有師友以此取笑過我，可是我必須說的是，在對莊子的哲學判斷上，我依然是緊跟著牟先生的。也正是由於牟先生奠定了我對莊子的看法，所以我才必須修改牟先生對玄學的許多判斷。這個話聽起來也許有些奇怪，但實情就是如此，因為事涉具體觀點，我也就不在這裡多說了。總之，我覺得我仍然跟隨著牟先生的腳步，從未真正離開他，只是我更願意用一種「接著講」而不是「照著講」的態度來說而已。對我的兩位指導老師，張亨先生與戴璉璋先生，也是如此。感謝他們，特別是當我在論文中的某些不敬，戴老師對我的寬容與包容，我將永誌不忘！

本書的各篇論文，不是很有規劃完成的，成篇的時間跨距也大，所以不免有論點不一致的地方，所以我在提要中已經特別表示了請求諒解之意。總之，越靠後的觀點會越接近我的系統論點，而這些不一致，也忠實紀錄了我思考的發展軌跡。整體來說，本書已經完整呈現了我對魏晉玄學的全部思考，未來我再寫玄學論文的可能性已經不大，因為我有更重要的論題需要處理，我必須把我所有能用在學術思考的時間，轉向到中國經典詮釋學的建立上了。如果要說最足以代表我的學術生涯的，我其實並不會選擇魏晉玄學，我更關切的是如何結束掉以比較哲學為典範的中國哲學研究，而開啟經典詮釋學的新時代。但是無論如何，在魏晉玄學的研究上，未來的後繼者應該會把我當成另一個新的歷史階段吧！這樣說好像有點托大，但是我是有自信的。

序言最後，我除了要謝謝花木蘭文化事業有限公司同意出版拙作外，還必須特別補一個過，因為我在第一次出版嵇康那部書時，遺漏了一個重要的感謝。當時，我在中正大學的同事莊雅州教授，特別出借了他夫人張蕙慧教授所搜集的有關漢斯立克的著作，這些作品幫我解決了處理音樂美學問題時所碰到的許多難題，這對我的幫助是極大的。但是在這部書的第一版序中，我竟然忘記表達我的感謝。等出版後才發現，已經來不及補救了。所幸還有這個機會，還請容我表達這個一直耿耿於懷的遲到的感謝，還請莊教授賢伉儷諒解！此外，我也要感謝這些年來和我在這個論題上討論過的許多師友，耀郎已經作古，真是感慨繫之啊！冠宏也是跟我辯論最多的，我總心存感激！謝謝大家包容我的魯莽！

　　此書中所收論文，最早的已經是二十多年前所寫，那時犬子剛剛出生，沒想到歲月悠悠，無論我個人的生涯發展，乃至家、國、天下皆已有巨變，於今回顧，也是另一種滄海桑田之感吧！山居清寂，秋夜微涼，親朋遠隔，不覺竟有落寞之感，因試拈踏莎行一闋，聊誌所感云耳！

　　　　山掩微雲，風迷草樹，蒹葭影裡秋聲賦。最憐高閣怕登臨，碧波千頃斜陽暮。　　禪曲清心，佳徽夜肅，琴音笛韻迎寒素。月移煙水已朦朧，多情更伴銀箏度。

　　　　　　　　　　　　　　　　　　辛丑秋謝大寧序於佛光大學

目

次

單篇論文

湯用形玄學理論的典範地位及其危機

摘要：

　　湯用形的玄學理論，無疑是將玄學發展為一個現代學科的關鍵，也因此，他的理論自然成了一個典範，有趣的是，這個典範以史無前例的強韌度，至今仍支配了玄學界的研究。即使牟宗三先生對玄學的哲學詮釋，頗不同於湯先生，也並沒有削弱湯先生迄今為止的典範性地位。

　　可是，湯先生的玄學典範事實上是存在危機的，從程元敏先生的考證開始，便切斷了湯先生玄學典範的最關鍵部分——即玄學和先秦道家的哲學史聯繫，也因此，對整體而言，玄學之詮釋其實已有必要進行重構。本文即是針對重構玄學典範問題，提出了一個初步的思考。

一

　　玄學這一名目的成立固然甚早，但其問題意識與內容，則頗難言。因此，相對於佛學與理學，玄學作為先秦以後中國哲學史中鼎足而三的一支思想，它的界義恐怕是最難理清的。尤其在將玄學銜接到現代學科意識的過程中，更是面臨了許多麻煩，這其中最棘手的一點，即是我們究竟應如何確立玄學背後的哲學問題。

　　在傳統的看法中，玄學似乎只是老莊思想的延續。然而這樣簡單的常識性看法，它所能解決的問題，恐怕還比不上它所製造的問題來得多。這主要是因為假如玄學真只是老莊思想的簡單延續，那麼我們便得追問諸如此一延續究竟是如何發生的？為何老莊思想在潛隱數百年後，會突然又躍上臺面？乃至於老莊思想是一系的嗎？玄學真只是老子或莊子簡單的重複嗎？之類的

問題，而這些環環相扣的問題，其實沒有一個是容易解決的。因此，傳統對玄學的常識性判斷，也就很難具有嚴肅性的學科意見。

我們當然絕對無法否認，玄學的確是個獨立的學術階段，它也的確和老莊思想存在著諸多牽聯，但有鑑於上述諸多問題，因此當我們真要有意識地將它展現為一個學科時，便不免會發現不知當從何處下手。就近代的玄學研究來看，首先有意識地想將玄學發展為一個完整學科的，恐怕還是一些日本學者。而最開始，他大抵皆由歷史的向度下手，並將玄學的發生，和漢末的清議之風掛鉤〔註1〕。此一想法主要乃是基於另一個常識性的想像，即玄學和清談是有直接關係的，而他們假設清談即是清議之某種轉型。在這想法中，青木正兒的一個說法對玄學之躍進，實有著關鍵性的作用，亦即他提出了荀粲的「言不盡意」論乃是玄學伊始的看法〔註2〕。平心而論，青木氏的說法的確獨具雙眼，他的這一命題所發揮的最關鍵性作用，即是將玄學研究由歷史的向度拉回到了哲學的高度，這也就為玄學之發展為一個完整學科，鋪平了相當重要的一條路。我們姑不論青木氏這一判斷的正確性如何，但至少他對今天的玄學研究之推進，是起著某種里程碑之意義的。

然而即使是青木氏的討論，也依然還是不能真正觸及玄學的核心命題。依照另一個自古而然的常識性看法，玄學真正的奠基者乃是王弼，或者說是何王並稱。另外，玄學的核心命題乃是依本於「三玄」──《易》、《老》、《莊》──而展開，但從荀粲通往這些看法的路徑，還是並不明顯，而由荀粲往回逆溯的一條哲學發展軌跡也不清楚。這裡既有著哲學問題，也有著哲學史的問題，而這些問題若不能解決，則玄學就還不能算是什麼成熟的學科，換言之，到了這一階段，它只能期待另一個更具整合能力的人出現了。於是我們乃看到了湯用彤先生的關鍵地位。

筆者以為，就玄學這一學科言，湯用彤先生無疑是一位典範性的人物。在湯先生那一輩的學人中，一般而言，舊學的底子自然都是極其深厚的。但就像王國維、陳寅恪、馮友蘭、熊十力等先生一般，亦往往能出入西學而別有會心，從而能為傳統學術另闢蹊徑，以與西方的學科意識接軌。毫無疑問

〔註1〕其中主要的一些學者包括青木正兒（〈清談〉，《東洋思潮》四卷）、板野長八（〈清談之一解釋〉，《史學雜誌》五十卷）和宮崎市定（〈清談〉，《史林》卅一卷）等。

〔註2〕青木氏說出處如上註。

的，這些先生正是中國學術現代化的奠基者，而湯先生當然也是個中翹楚。正是湯先生，他將由日本學人所開端的玄學研究重新接回，而首次為玄學作為一個現代意義的學科，提供了一個完整的架構。然則他是怎麼辦到的呢？

首先，就歷史的向度來看，湯先生當然也充分參考了日本學者的看法，賦予了清談在玄學產生上的特殊地位，而他更進而以一種比較特殊的方式說明了兩者間的關係，如他在〈讀人物志〉一文中云：

> 魏初清談，上接漢代之清議，其性質相差不遠。其後乃演變而為玄學之清談。此其原因有二：（一）正始以後之學術兼接漢代道家（非道教或道術）之緒（由嚴遵揚雄桓譚王充蔡邕以至於王弼），老子之學影響逐漸顯著，……（二）談論既久，由具體人事以至抽象玄理，乃至學問演進之必然趨勢。漢代清議，非議朝政，月旦當時人物。而魏初乃於論時事時，且尋繹其原理。如《人物志》，雖非純論原理之書，然已是取漢代識鑒之事，而總論其理則也。因其亦總論理則，故可稱為形名家言。漢代瑣碎之言論已進而幾為專門之學矣。而同時因其所討論題材原理與更抽象之原理有關，乃不得不談玄理。所謂更抽象者，玄遠而更不近人事也。〔註3〕

湯先生這樣一種看法其實是有重要意義。他應該知道糾纏在清談的說法上是沒有前途的，因為清談這一風氣，無論如何，它至多只能是玄學興起的一個外在或形式上的因緣，即使我們能證實玄學的確是因清談而促成，對理解玄學的產生，其助益恐怕也不會太大。因此在這段話中，他其實是等於跳過了清談，而直接從一些比較內在的因素來考量玄學興起的因緣。其中，他構想了一個「漢代道家」的假說，以為哲學史意義上的玄學遠源。另外，他則又將玄學視為具體人事之一抽象理則，這就為玄學作下了一個哲學意義上的原則規範。

在湯先生為玄學的誕生作了如上的兩個假設之後，他又很自覺地進一步提供了重要的論證，而正是由於此一論證，乃奠定了他在玄學詮釋上的典範地位。他的論證乃是這樣的：首先，他為了坐實漢代道家的假說，乃訴之於一個思想史的考證，這也就是「荊州新經學」的著名說法。在〈王弼之周易論語新義〉中，湯先生詳細地敘明了這一考證，其意略謂：

〔註3〕見湯用彤先生《魏晉玄學論稿》（台北：里仁書局，1995年），頁12。

1. 玄學之生，乃「源於漢代經學之早生歧異，遠有今古學之爭，而近則有荊州章句之後定」。

2. 荊州學風喜張異議，而其內容「必」與玄理大有契合。

3. 王弼家世與荊州頗有關係，其祖粲和父業等「必均」熟聞宋衷之道，「宋氏重性與天道，輔嗣好玄理，其中演變應有相當之連繫」。〔註4〕

平心而論，湯先生這一考證，不只見其功力，亦確見其構造系統的慧眼。他以此而為玄學找到了一個思想史意義上思想傳承的中繼點，從而他得以將王弼和揚雄連上關係，並通過揚雄、嚴遵和道家的關聯，為先秦道家之過渡到玄學，找到了一條雖迂曲但又明確的線索。

其次，湯先生對於玄學之為一抽象理則，亦作出了一個哲學上的論證。這論證主要包含了兩個部份，一是所謂的方法論部份，一則為本體論部份。湯先生云：

> 學術，新時代之托始，恆依賴新方法之發現。夫玄學者，謂玄遠之學。學貴玄遠，則略於具體事物而究心抽象原理。論天道則不拘於構成質料（Cosmology），而進探本體存在（Ontology），論人事則輕忽有形之初迹，而專期神理之妙用。夫具體之迹象，可道者也，有言有名者也。抽象之本體，無名絕言而以意會者也。迹象本體之分，由於言意之辨，依言意之辨，普遍推之，而使之為一切論理之準量，則實為玄學家所發現之新眼光新方法。王弼首唱得意忘言，雖以意解，然實則無論天道人事之任何方面，悉以之為權衡，故能建樹有系統之玄學。〔註5〕

這也就是說玄學乃是依言意之辨這一方法論所構造的一套本體論。而言意之辨和這套本體論之間的關係乃是「本體論所謂體用之辨，亦即方法上所稱言意之別。二義在言談運用雖有殊，但其所據原則實為同貫。故玄學家之貴無者，莫不用得意忘言之義以成其說。」〔註6〕換言之，玄學本體論的體用之辨，只是言意之辨這一方法論的移形換位而已，由言不盡意乃進而可說本體之「無」。

依如上所說，則湯先生主要乃從形上學的角度來看玄學。他以為漢代思

〔註4〕見湯用彤先生《魏晉玄學論稿》，頁88～90。
〔註5〕見湯用彤先生《魏晉玄學論稿》，頁23～24。
〔註6〕見湯用彤先生《魏晉玄學論稿》，頁29。

想與玄學之基本歧異,即相當於形上學中宇宙論與本體論之別。在所謂本體論的立場上,「無」這一概念內基本意旨乃是「無對之本體」,他說:

> 此無對之本體(substance),號曰無,而非謂有無之無。因其為道之全,故超乎言象,無名無形。圓方由之得形,而此無形。白黑由此得名,而此無名。萬有群生由之以成,而非器形之所謂生。形器之生,如此生彼,昭然二物。而宇宙之本,雖開物成務,然萬物未嘗對本而各有實體。……無對貞一之本體,為物之本原。即謂萬有群生,皆各不離此本而別為實有。惟人若昧于所成,而自居于其成。一犯人之形,而曰人也。人也,則失其本,喪其母,永墮於有為之域,宥于有窮之量。夫自居於有窮之量者,未能全其用也。……故人必法天法道,沖而用之。沖而用之,乃本體全體之用。不自居于成,不自宥于量,舍有窮之域,反乎天理之本。故反本者,即以無為體。以無為體,則能以無為用(即沖而用之)。以無為用,則無窮而無不載矣。由上所言,王氏形上之學在以無為本,人生之學以反本為鵠。〔註7〕

這意思實即以無為一切物之所以為物之本然實體。關於此一本體義,湯先生復進而述其內容云:

> 貞一之宗極(即指無而言)又名曰道。所以名之曰道者,蓋言其依理以長育亭毒萬物。依理者即謂順自然,所謂「物無妄然,必由其理」也。萬物各有其所本之理,故各有其性。……宇宙之全體蓋為一大秩序。秩序者謂萬理之全。萬物之生各由其理,故王弼曰:「道者,無不通也,無不由也。」通者,由者,謂萬物在秩序中各得其分位。得其分位則謂之德,此分位自道言之,名之曰理(天),自德言之則名為性(人)。宇宙全體之秩序(道)為有分有名之萬形之所從出,而其自身(道)則超乎形名之上。萬有群生雖千變萬化,固未始不由於道。道雖長育亭毒,而其自身則超於變化。蓋宇宙之全如有形名,則為萬物中一物。如有變化,則失其所謂全。玄學之所以常以「無」以「靜」況稱本體者蓋因此歟。〔註8〕

這也就是說「無」乃指表著萬物之後之「至健的秩序」,即依此一秩序而有萬

〔註7〕見湯用彤先生《魏晉玄學論稿》,頁49～50。
〔註8〕見湯用彤先生《魏晉玄學論稿》,頁69～70。

物之創生。如是，湯先生乃完成了「無」作為一個抽象的論證。

二

以上，我們大致說明了湯先生對玄學的假說及論證。筆者必須說明的是，截至目前為止，就筆者知見所及，湯先生這一系統性的說法，依然還被大多數的玄學研究者奉為圭臬。〔註9〕一般而言，在畸輕畸重之間，湯先生由於對玄學之哲學的興趣較強，因此可能較看重「無」這個概念，而有些歷史興趣較強者，或者喜歡提到「自然」和「名教」這組概念。但我們不應忘記，事實上湯先生也正是將「自然」「名教」這組概念取為詮釋概念的原創者〔註10〕，而一般談這組概念的人，在這組概念哲學意義的詮釋上，也並未脫離湯先生的籠罩。以此而言，我們如果將湯先生的玄學詮釋當成孔恩（T. Kuhn）所說的一個「典範」（paradigm）〔註11〕，當然是毫無疑義的。

這其中，在所有玄學的相關討論裡，最不遵守湯先生之規範者，恐怕便是牟宗三先生的說法了。基本上，牟先生完全反對湯先生針對玄學所作的哲學論證。在牟先生看來，湯先生若真以「無」為一形上之本體，則他必自陷於根本無從解決的哲學難題中。當然，若稍熟悉所謂形上學的人，便很容易可以看出來，當湯先生在使用諸如「本體論」、「宇宙論」之類的詞語時，他對這些概念的理解是很成問題的。若「無」真是萬物之本原實體，則它便不能是所謂的「至健的秩序」；若說此一至健的秩序乃即是「無」之本體生發萬物之過程，則它便表示以「無」為核心的一套「本體宇宙論」，但問題是作為萬物本原之一實體，如何能為一動力因，以由是而生發一套宇宙論？又若真可由「無」而說一套宇宙論，則玄學與漢代學術的區分，便不應說是所謂的宇宙論與本體論的對分。再者，若「無」真是一個所謂的形上實體，則相應於「無」而說的工夫，也不能是所謂的「不自居於成，不自宥於量」的「以無為用」，因為由此而說的工夫，只能是對此一「無」底形上本體的認知性模擬，由是而成一種類似斯賓諾莎對一形而上之空無所成之汎神式的信仰，如若欲由此而說一至健之秩序，則由此而說之工夫，亦必徹底排除自由之可能，或者即

〔註9〕 這包括大陸上玄學界主流的代表人物，如余敦康、王葆玹、許杭生等人，以及臺灣玄學界中的主要人士，如林麗真等人皆是。

〔註10〕 參見《魏晉玄學論稿》，附錄〈魏晉思想的發展〉一文。

〔註11〕 此一概念見孔恩《科學革命的結構》一書，由於此概念在今天人文學界應用得頗為廣泛，殆已成某種共通之詞彙，故不再述其內容。

或要說自由，亦同樣只能是如斯賓諾莎所說的，就認知意義上而說的「理性自由」，而我們皆無法由之提煉出「不自居，不自宥」之義，如是，我們自不能說「以無為體」便得在人生之學上蘊涵著「以無為用」，這當然會使湯先生相當在意的玄學之無的工夫論宣告落空。再進一層看，就湯先生所說的言意之辨之方法論層次言，「言不盡意」之說和「無的本體論」根本就不存在任何問題意識或是邏輯上的內在關聯，說言不盡意論直接促成了某種本體論的思考，這根本就是無謂的空想，其實它只是暴露了湯先生還無法真正進入形上思維之領域的弱點而已。以牟先生對西方哲學的熟悉，自然很容易照見湯先生的不足，而思有所辨正。

　　整體來說，牟先生基本上仍同意玄學的確蘊涵著一套形上思維，但他並不由任何一套以形上實體為核心的形上學來想，而是認為玄學只不過具有一種「實有形上學」的姿態，究其實質則是一套「境界型態的形上學」。他在解老子第四章以及王弼注時云：

> 此沖虛玄德之為萬物之宗主，亦非客觀地置定一存有型之實體名曰沖虛玄德，以為宗主。若如此解，則又實物化而為不虛不玄矣。是又名以定之者矣。此沖虛玄德之為宗主實非「存有型」，而乃「境界型」者。蓋必本於主觀修證，所證之沖虛之境界，即由此沖虛境界，而起沖虛之觀照。此為主觀修證之所證之沖虛之無外之客觀地或絕對地廣被。此沖虛玄德之「內容的意義」完全由主觀修證而證實。非是客觀地對於一實體之理論的觀想。故其無外之客觀的廣被，絕對的廣被，乃即以此所親切證實之沖虛而虛靈一切，明通一切，即如此說為萬物之宗主。此為境界形態之宗主，境界形態之體，非存有形態之宗主，存有形態之體也。〔註12〕

這也就是說玄學之為一套形上學，它恆必須還歸於以某一實踐主體之主觀修證為核心的形上學，以此而將萬物收攝於主體之修證境界以廣被之，如此他乃可以避開湯先生系統上的一些根本難題。就哲學論證上說，牟先生也的確假借了康德的一套哲學模型，提供了相當具說服力的證明，這使得牟先生的說法取得了更高的合法性〔註13〕。在這套形上學之下，牟先生復進而說明了一套玄學的宇宙論，他說：

〔註12〕見牟先生《才性與玄理》（台北：台灣學生書局，2002年），頁141。
〔註13〕這些證明請見牟先生《現象與物自身》、《圓善論》等書。

道之生萬物，既非柏拉圖之「造物主」之製造，亦非耶教之上帝之創造，且亦非儒家仁體之生化。總之，它不是一能生能造之實體。它只是不塞不禁，暢開萬物「自生自濟」之源之沖虛玄德。而沖虛玄德只是一種境界。故道之實現性只是境界形態之實現性，其為實現原理亦只是境界形態之實現原理。非實有形態之實體之為「實現原理」也。故表示「道生之」的那些宇宙論的話句，實非積極的宇宙論之語句，而乃是消極的，只表示一種靜觀之貌似的宇宙論語句。

此種宇宙論之語句，吾名之曰「不著之宇宙論」。〔註14〕

如此而說的宇宙論，自然要比諸湯先生的說法，來得更具哲學說服力了。尤其牟先生的說法更可直接銜接到一套由此實踐主體而說的工夫論，此一工夫即是實踐主體作用上的不著，此一意義的「以無為用」，恐怕是更能銜接到湯先生所說之「不自居，不自宥」之工夫境界的。

還有，牟先生也不曾誇大「言不盡意」論在玄學中的方法論意義，他只是認為由言不盡意之說啟示了一個「內容真理」的領域。對顯於只以名言概念之內容即可窮盡命題意義的「外延真理」，「內容真理」則表示了另一種真理領域，他說：

王弼之「立象以盡意，得意而忘象」即函「盡而不盡」，亦函荀粲之「象外之意，繫表之言之蘊而不出」。此皆屬於「言不盡意」系。此則「盡」為啟發暗示之盡，非名實相應之盡；而其所盡者皆內容真理；其能盡之之名言亦內容名言，或曰啟發名言。於啟發而有得之後，固皆可忘，然非無用。非謂「言不盡意」，言即無用也。名實相應之言，雖能盡其所指之實或理，如方當方，圓當圓，上當上，下當下；而且方所當者只是方，圓所當者只是圓，上下亦然。然方圓上下之名言亦只是指實之符號，並無本質之意義。是則仍是工具筌蹄也。既仍是工具筌蹄，便於指實而得實之後，即可忘。其不可忘者，文化上之傳達作用耳。惟指實語言之為工具與啟發語言之為工具，其意不同。其為可忘與啟發語言之為可忘，意亦不同。前者之為工具，是一一對應的，後者之為工具，非是一一對應的，甚至並無一定之對象可應。因此，前者之可忘，乃在呈現客觀之定實，而後者之可忘，乃在祛執以達圓，遮形以通微，撥封域畛界以會通而

〔註14〕見牟先生《才性與玄理》，頁162。

為一。故可由形名而至超形名。而指實語言之可忘並不能開闢一超
形名之領域，反而只是呈現形名之領域。故欲極成「言不盡意」，非
先辨明內容真理與啟發語言不可。而王弼之忘言忘象，其所忘者非
一一對應之指實語言，乃啟發指點之象徵語言也。其所盡者亦非外
延真理，而乃內容真理也。即超形名之道、無、至寂至靜之一，以
及神、化、自然、無為、無為而無不為也。〔註15〕

換言之，內容真理則表示通過某種名言之象徵或啟發所提揭示之超形名的其
理領域也。以此而言，由主體之修證所證悟之境界，當然是內容真理，但它
也只是內容真理之一種而已，並不意味凡說言不盡意即須向玄學這一真理形
態而趨也。而玄學之能成為一種特殊之內容真理，它所依賴的乃是王弼通過
「忘」這一概念所顯示的主體修證境界。如此一來，牟先生便等於改造了湯
先生玄學典範的全部哲學論證，而牟先生的論證無疑是更為合理的。

　　但是如果純就玄學之為一個學科來看，牟先生這一哲學詮釋上的整體改
換，卻不見得能視為對湯先生玄學典範的「革命」，何以言之呢？我之如此說，
倒不是說牟先生的任何主觀意願問題。如果從主觀意願上來說，我倒常以為，
牟先生的玄學研究，其重點恐怕更在詮釋老莊的哲學上，玄學只是作為一個
憑藉而已，因此，牟先生固然也不輕視玄學，但相對而而言，他的哲學史興
趣其實是比較淡的，所以他恐怕從來也不曾想過從根本上顛覆湯先生之典範
的問題，他只是想討論道家哲學而已。牟先生這一主觀意願，使得他在討論
玄學的其他問題時，基本上完全不曾挑戰湯先生的看法。這包括他接受王弼
乃是玄學之第一人，王弼之學乃是以道家為宗主，以及荊州經學的判斷，而
這些都是湯先生在哲學史意義上對玄學的核心判斷。因此，牟先生的玄學研
究，若從哲學史的層面看，他只是修正了湯先生在哲學詮釋上的不善巧，這
就玄學典範言，事實上只能視之為對典範某種程度的精煉而已，而不是重鑄
典範。換句話說，由於牟先生的努力，其實是更進一步地鞏固了湯先生的玄
學典範，而不是對這一典範的削弱。但湯先生的玄學典範豈真不存在任何危
機嗎？

三

　　在筆者看來，第一位發現湯先生玄學典範存在著危機的，大概屬程元敏

〔註15〕見牟先生《才性與玄理》，頁 253～254。

先生吧〔註16〕！程先生以他敏銳的經學史視角，發現了湯先生對荊州新經學的考證，多半只是臆想而已，事實上根本不存在什麼荊州新經學，或者說即在荊州有一些比較蓬勃的經學活動，但它對比於後漢後期的經學，並不具任何思考史上的特殊意義，當然更談不上在經學中引入玄言了。筆者以為程先生的考證，大體上是可信的，而此一考證當然也就切斷了湯先生玄學典範中，對玄學和先秦道家所作的哲學史聯繫之最關鍵部份。然則這會產生什麼影響呢？

程元敏先生的考證當然是一顆大炸彈，但筆者以為順著這一線索往下問，更會暴露出此一典範的更大危機。此一危機即在湯先生對「漢代道家」的假說上。熟悉漢代思想者當然會知道，漢初確實是有道家之徒，司馬談即是一個顯著的例子，但問題是漢初的道家，其思想到底是屬於什麼性質？在此，當然不容我旁涉太遠，不過大體而言，所謂漢初道家，大抵只是黃老刑名之術而已，它本質上並不是一套形上學，也不是什麼人生哲學，而是一套治術，一套君人南面之術〔註17〕。而這套治術大體在漢武帝罷黜百家，獨尊儒術之後，即告消失，因此可置勿論。除此而外，漢代真有所謂的道家嗎？在整個漢代，老子這部書自然是一直流傳著的，然而是不是只要曾引述老子之語，便是所謂道家呢？湯先生多次提及揚雄、王充之輩，但他們究竟在什麼意義上可算是道家？湯先生自己曾如此說：

> 然談玄者，東漢之與魏晉，固有根本之不同。桓譚曰：「揚雄作玄書，以為玄者天也，道也。言聖賢著法作事，皆引天道以為本統。而因附屬萬類王政人事法度。」亦此所謂天道，雖頗排斥神仙圖讖之說，而仍不免本天人感應之義，由物象之盛衰，明人事之隆污。稽察自然之理，符之於政事法度。其所游心，未超於象數。其所研求，常在乎吉凶。……漢代偏重天地運行之物理，魏晉貴談有無之玄致。二者雖均嘗托始於老子，然前者常不免依物象數理之消息盈虛，言天道，合人事；後者建言大道之遠玄無眹，而不執著于實物，凡陰陽五行以及象數之談，遂均廢置不用，因乃進於純玄學之討論。〔註18〕

〔註16〕參見程先生〈季漢荊州經學〉一文。程元敏：〈季漢荊州經學〉（上），《漢學研究》第 4 卷第 1 期，1986 年 6 月，頁 211～264；〈季漢荊州經學〉（下），《漢學研究》第 5 卷第 1 期，1987 年 6 月，頁 299～263。

〔註17〕如司馬談〈論六家要旨〉即云：「夫陰陽、儒、墨、名、法、道德，此務為治者也。」務為治這三字其實道盡漢初諸子學的「方術」性格。

〔註18〕湯用彤《魏晉玄學論稿》，頁 47～48。

依此說法，則湯先生並不是不曉得揚雄等人的基本思想型態，而問題是這一型態有什麼理由被歸入道家呢？如果明知他們並算不上是道家，卻又要只因他們在其思想的一些重要地方曾引述老子，便將他們算作是道家，而不管他們在引述老子時的語脈，這算不算是對古人的唐突？

而更有意思的是，湯先生想簡單地運用荊州新經學這一思想史的考證，來權充某種哲學史脈絡的解釋，這豈是解決問題之道？我們可試想，就算荊州真有所謂的新經學，它又說明了什麼事實？難道只要述明了王弼和荊州的關聯，便可自動由一個思想史的事實而說明某個哲學史的變化軌跡嗎？如果說王弼真是一位具有原創力的哲學家，這也並不是說他可以四無依傍地獨自造出某種智慧，因此他也必得在某種哲學史的脈絡下，才可能有所開展，但這條哲學史的脈絡在那裡？湯先生可有任何方式來為揚雄和王弼聯繫上這一關係呢？我們可以確知，就算在揚雄和王弼間可以聯繫上某種哲學史關係，而且也能說明王弼的原創性，這一關係也不可能僅只訴之於某種思想史的解釋而已，因此湯先生的論證顯然已犯了某種方法論上的嚴重錯誤。更何況若依湯先生的想法，兩漢和魏晉之別乃在宇宙論與本體論之差別，則我就根本不以為湯先生可能為兩者間作出任何哲學史之論證！

同樣的，湯先生系統之危機，對牟先生的系統言，也一樣是有效的。對牟先生的系統，我們應分兩面看，他在說老子和莊子的部份，純是道家哲學的解明，牟先生在這一部份自有其精彩處，但這部份和本文無關，因此可以姑置勿論。另外在純玄學一面，他將王弼當成是老子思想的簡單復現，姑不論這一判斷在哲學詮釋上是否妥當，若真是如此，則牟先生便顯然有必要為王弼這一思想的形成過程，提供一條合理的哲學史解釋途徑。這裡一個最明顯的問題乃是，何以在老莊之實踐的智慧學消沉了五個世紀以後，居然可以由王弼重新接上？而它又豈能只用此心同，此理同，先聖後聖，其揆一也來解釋呢？這問題筆者曾頗費心地考慮過，也許我的思慮並不週到，但至少在我看來，它一樣是無解的。若果其如此，則我們便恐怕不得不考慮，是不是湯先生的玄學典範遭逢到了無從克服的危機了呢？筆者當然十分喜歡牟先生對王弼的詮釋，那一詮釋十分富有啟發性，但我只要一想到王弼這樣偉大的貢獻，其來源除了天才，就不能再有其它解釋時，我就不免有遲疑了，難道玄學真是平地拔起的嗎？

四

這個由湯先生所建立的玄學典範，其危機真的到了嗎？我想無疑是的。依照如上的分析，玄學的研究無疑該是到了某種革命的臨界點了。但問題是這個革命的方向何在？於此，筆者打算提出我這幾年來的一些初步思考。

基本上，我不以為我們還應該再繼續尋求補強此一典範之道，因為由湯先生之典範所造成的哲學史之斷裂圖像，幾乎是無從彌合的。至於我的新想法則奠基在一個基礎上，我相信玄學在哲學上的確回到了先秦老莊道家之上，而且我也認為牟先生對這一哲學的詮釋基本上是精準的，只是我若要真正保住這一基礎，便得付出一個重大代價，亦即我有必要挑戰「王弼為玄學第一人」這個最常識性的看法，而這一挑戰當然是有些驚世駭俗的。為什麼我必須挑戰這點呢？這主要是因為一方面我也接受湯先生的一個看法，亦即王弼的思想的確和揚雄的思想存在著關聯性，只是我看不出有任何可能性，來從揚雄的思想中找出一個哲學史意義上的轉折點，以供將王弼的思想理解到老莊道家之上。另一方面，我以為比較可能扮演哲學史轉折之線索的，恐怕應在漢末道教的興起上，而我找不到任何線索，可以為王弼和道教聯繫上關係，因此乃迫使我必須試著在王弼之外來尋找玄學第一人。只是如此一來，也就迫使我必須完成幾個基本工作，其一即是我需要為王弼的思想作出新的哲學詮釋，其二則是必須找到替代者，並作出一個新的哲學史詮釋，同時也確立這一替代者之思想的哲學觀點。以下，我即擬簡述我對這些方面所作的努力。

就今天對王弼思想的詮釋言，牟先生的說法無疑是最具哲學高度的。王弼的思想當然包括兩個部分，一是他的易學，一是他的老學；而綜觀牟先生的詮釋，他基本上仍然相信王弼乃是奠基在他的老學之上，以進行他的易學詮釋。換言之，牟先生顯然認為王弼之學乃是以老學為核心所成的系統，而易學在王弼則只是老學之某種運用，然而事實真是如此嗎？我曾在拙作〈王弼哲學進路的再檢討〉中指出了一個事實，亦即若真如牟先生所說，王弼乃是以老解易，而且將其老學建立在某種聖證的工夫之上，則我們便將無從解釋王弼在其易學中針對「一些儒家式實踐法則所賦予的建構性功能」，而這對王弼思想的完整理解，勢將構成嚴重影響〔註 19〕。這也就是說如果我們承認王弼的易學確曾原則上地返歸易傳的精神，便似乎並不適合純以老莊的祛執

─────────────

〔註 19〕此文見《第三屆魏晉南北朝文學與學術思想研討會論文集》，頁 505～537，此一討論見該文第一節。

工夫來詮釋王弼的周易注，那麼牟先生對王弼的哲學詮釋不就出現漏洞了嗎？於此我乃找到了重新詮釋王弼思想的立足點。

然而我對王弼的新詮釋乃是從一點開始的。我發現到事實上王弼在說「得意忘象」時，其語脈中明顯地出現了歧義現象，可是歷來解者似乎部不曾注意及此〔註20〕。我以為在王弼《周易略例·明象》中，他事實上以兩種方式提到了「忘象」這一原則，一是將忘理解為掃除、不理會之義，這意思純是消極的，但另一方面，當他說「忘象者乃得意者也」時，卻將忘象轉成了某種積極性的表述。這一歧義顯然是值得重視的，因為他一方面的確表示了忘象乃是一個重要原則，另一方面也表示得意才真正是首出的原則。可是無論是湯先生或是牟先生，似乎都因為未曾注意到此一歧義現象，以致顛倒忘象與得意的關係，而將忘象當成了首出的原則，甚至以為忘象即是唯一的原則，卻忘記了去詮釋忘象和得意之間的關係，也忘記了得意和易卦的聯繫，而彷彿認為王弼只是依據忘象這麼一個原則在理解易卦一般，如此當然就會在詮釋王弼的易學時出現困難。為了解決這些困難，我乃針對忘象作了另一種詮釋，在前引拙文中，我說：

> 我們其實可以將忘象當成某種主觀上的「冷智」、「乾慧」，因為我們之所以經常無法駕御好種種的人事變化，便是由於我們無法以一種超然物外的態度來處事之故，於是常由於身在此山中，遂致看不清形勢，而無法選擇最恰切的應對法則。而就現實的經驗來看，愈是虛靜而不受干擾的心靈，愈容易悠遊於紛煩的人事變化中，掌握處事的智慧。筆者以為，王弼所說的忘象以得意，正是意指著這種虛靜悠遊的冷智。

> 如果忘象只表示一種冷智式的實踐態度的話，則他便可以根據此一態度以及具體的人事情境，選擇最恰當的實踐法則，而不必去區分此一實踐法則究竟是儒家的還是道家的。……就實踐法則言，儒道是完全平列的，也都同時是建構性的，並依這些建構性的法則而共同組成易卦時背後相應的智慧，而這些智慧也都共同發自於一種冷智式的實踐態度。這樣我們就將更能同情地理解王弼在周易注中，既隨處引

〔註20〕就筆者知見所及，似乎只有王葆玹先生亦注意到了此一現象，不過他卻並不能說明這一歧義的意義所在。參見其《正始玄學》（濟南：齊魯書社，1987年），頁357～361。

用儒家式的智慧，又隨處也攙和著道家的智慧之緣故了。〔註21〕
這樣說的忘象既保住了作為一個重要的實踐態度的意義，也可以充分展示出
王弼易學的基本精神，因此我以為此一說法是具有更高之合理性的。然則如
此一來，當然就會讓我們開始質疑王弼是否曾經「援老入易」了。

如果說王弼事實上並不曾援老入易，那麼王弼的思想會成為一幅什麼樣
的圖像呢？難道王弼的《周易注》和《老子注》會成為兩個毫不相涉的思想
嗎？這似乎是不可能的事，假如王弼真是位成熟的哲學家，我們就無法想像
會在兩本相關性這麼高的著作中，表現出截然不同的思想。但既然依前所述，
王弼並不是援老入易，那麼唯一的合理解釋，便似乎只能說湯牟二先生對王
弼老子學的詮釋恐怕並不正確了。以此，我乃進一步考慮了王弼老學新詮釋
的可能途徑。

在此，由於題旨和篇幅所限，我並不擬深入論證此一問題，在前引拙作
和我的另一本書——《歷史的嵇康與玄學的嵇康》——中，我都曾從不同的
角度初步論證了王弼的老子學問題〔註22〕。依上述這些論證，我基本上得到
了一個結論，即王弼的老子學和先秦老莊道家並沒有哲學上的近似性，他的
思想固有原創性，但本質上仍是揚雄思想的緒餘，也正是因為如此，他才得
以將易學和老學作成某種另類的聯繫。我亦即以此初步完成了對王弼思想的
新詮釋。根據這一新詮釋，我乃排除了建立玄學新典範的最大障礙。於是，
我可以進而論及第二個問題，即「誰才是真正的玄學第一人」？

關於這個問題，我以為事實上嵇康才真正有資格作為玄學的第一人。如
果我們注意到一些事實，比如說最足以代表玄學精神的「名士風度」，完全模
擬自以嵇康為首的竹林七賢，而和以何王為代表的正始清談家之人格型態無
甚關係；又比如整個名士風度的實踐型態，乃根源於他們對莊子的了悟，而
其正將莊子當成某種實踐哲學之本質依據的，也是嵇康，而不是王弼，對王
弼而言，他的實踐哲學應該還是本於易學，至於得意忘象的說法，雖和莊子
不無關係，但王弼絕未將忘象膨脹為實踐上的本質依據，這亦是顯然的事實；
又，在王弼和嵇康之間，我們其實找不到任何證據，可以證明他們有任何思
想傳承上的關係，而倒是有另一個反證，即作為竹林七賢另一個代表人物的

〔註21〕見《第三屆魏晉南北朝文學與學術思想研討會論文集》，頁 518～519。
〔註22〕參見〈王弼哲學進路的再檢討〉，頁 520～527，以及《歷史的嵇康與玄學的
　　　嵇康》（台北：文史哲出版社，1997 年），頁 72～80。

阮籍，倒的確曾受到何王思想的影響，可是他之成為七賢式的人格，卻相當程度源自於他和何王之學的決裂〔註23〕。我認為諸如這些重要的事實，在在都肯定了嵇康的重要而且獨具原創性之地位，也正是這諸多事實，促成了我必須作出如上的新假說。

然而隨著此一假說而來的，即是我必須給出另一個哲學史的新詮釋，另外，我也必須充分說明嵇康的哲學觀點。針對這一需求，我曾在拙作《歷史的嵇康與玄學的嵇康》中，作出了詳細的論證，限於篇幅，此處仍無法詳述，僅能針對我的一些重要論點作一概述。首先，我注意到了嵇康的出身和家世信仰，也就是天師道的問題。道教出現於後漢中期，究其思想，當是漢代方術和天人感應之學的混雜體，但在其流衍中，也逐漸形成了一種趨勢，我曾述此趨勢云：

> 道教一方面和漢代主流思想——即天人感應的災異論——形成為一種大傳統與小傳統的關係，另一方面道教亦在此一發展中逐漸將災異論傳統中仍含具的人文性、社會性，收縮到求長生這一宗教性的內容之上。〔註24〕

道教的這一發展趨勢至關重要，因為它雖和以揚雄為代表的思想傾向源出一脈，但此一趨勢卻使得在小傳統中發展的道教有了全新而且獨立的問題意識，我以為正是這一問題意識通過道教信仰影響了嵇康，遂使得嵇康有機會脫出當時大傳統的束縛，而以另一方式繼承了漢代哲學。當然，嵇康之所以能擺脫大傳統的束縛，當和他出身寒微，與當時的知識階層淵源甚淡有關〔註25〕。然則，嵇康是以什麼方式發展了這一趨向呢？

關於上述問題，我以為嵇康的〈養生論〉是特別值得注意的一份文獻。我們一般分析此一文獻時，通常只注意到嵇康和向秀間的答難，也就是說我們只注意到嵇康雖不主張人可通過修證而成神仙，但只要好好養生，未嘗不

〔註23〕阮籍的〈通老論〉和〈通易論〉都明顯是追隨何王思想的作品，但我們如果注意到真正可以代表他之為七賢人物的〈達莊論〉〈大人先生傳〉和〈詠懷詩〉，便會清楚發現他和何王思想的決裂。在拙作《歷史的嵇康與玄學的嵇康》，頁131～143中，筆者曾詳細地描繪了阮籍思想的轉變過程。

〔註24〕拙作《歷史的嵇康與玄學的嵇康》，頁94。

〔註25〕嵇康之兄嵇喜的〈嵇康傳〉說康「學不師授」，康亦自云「不涉經學」，在其〈難宅無吉凶攝生論〉中，康亦謂阮侃之學云「此皆足下家事，先師所立」，可見康和當時的主流知識階層是沒什麼淵源的。

可延年益壽；我們以為嵇康只是以此觀點來駁斥向秀的俗見。但我們也許忽略了隱伏在此文之後的另一個重要觀點。嵇康在此文中說神仙不過是「特受異氣，稟之自然」者，我以為如果我們知道當時道教中正環繞此一問題，而有著重大爭論，便會恍然大悟嵇康作此文獻之真正用意了。我曾引及《老子‧想爾注》的一段話云：

> 今人無狀，裁通經藝，未貫道真，便自稱聖，不由本，而篇章自撰，不能得道言；先為身，不勸民真道可得仙壽，脩善自勳，反言仙自有骨錄，非行所臻，云無生道，道書欺人。此乃罪盈三千，為大惡人，至另後學者不復信道。〔註26〕

依這段話，我們可以清楚看到嵇康〈養生論〉背後的問題來源。也就是說嵇康在其信仰層面固是一位天師信徒，但他恐怕並不是一位單純的信仰者。依今人的考證，〈想爾注〉應成於魏初，這也就是說嵇康此文的主題並非其創見，而是他繼承了此一道教內部的爭議，以提出個人的思考。某種意義上，我認為我們應可將嵇康當成道教內部的改革派吧！於是，我們乃通過道教，既為嵇康和漢代哲學連上了一條哲學史上的因果線，也為詮釋他的哲學觀點找到了重要的基點。

基本上說，嵇康之哲學正是基於一個問題意識，即如果神仙真不可力致，則要從何處才可以說養生？依〈養生論〉，他顯然著眼於「養神」這一概念，但何謂養神呢？一般而言，道教亦有養神之說，然則嵇康的養神和道教的養神是否一致呢？在前引拙作中，我曾區分了這兩者，而特別值得注意的乃是嵇康之轉從「愛憎不棲於情，憂喜不留於意」說養神，我以為這一轉變事實上具有十分重大的哲學意義，我說：

> 其實嵇康在說「修性以保神」時，他已將神的意涵由心理活動義滑轉為一個價值主體了。如此一來，也就使得他所謂的養神，成為了充分貫注人文性的，由某種價值主體出發的意義實踐活動，由這樣的活動來對比於道教所說養神，其差別當然是至為顯著的。蓋道教所說的養神，其核心的概念乃是元氣，這是一個由純自然的概念而被神格化的東西。因此道教之養神固也是由人身而說的某種價值實踐，但此一實踐恰是在抹去主體、抹去人文性，以歸返於一樸素自然之神格性存

〔註26〕此段引文詳見饒宗頤先生《老子想爾注校證》（台北：中華書局，2016年），頁23。

在。然則由此我們乃看出了嵇康論養生之重大不同所在。〔註27〕

通過這一重大的轉變，嵇康乃將道教轉變為某種人文性宗教，同時，也正是在此，讓嵇康的思想很自然地接回並豐富了莊子的哲學，並進而引導了玄學的整個走向。於是，我們乃得以確定嵇康才真正是玄學的第一人。

至此，我以為這些說法事實上已相當程度地勾勒出了某種新方向，這一新方向既可以彌補湯用彤先生玄學典範的許多困難，也足以吸納牟先生對玄學的哲學洞見。我當然還不能說這樣的說法已然構成了另一種新典範，足以革命性地取代由湯先生所提供的典範，但我相信契機是存在的，至少，未來的玄學研究者恐怕皆不得不面對這些問題吧！

五

本文筆者通過對近幾十年來玄學研究的重點回顧，原則性地檢討了湯用彤先生所構造的玄學詮釋系統，並指出此一系統何以能具有典範地位的因由。同時，我也指出了它的哲學難題，並略述了牟先生克服這些難題的思路。不過，我也以為牟先生儘管對湯先生有批判，但他卻在實質上鞏固了湯先生系統的典範地位。然而，湯先生所造的系統事實上是有一些本質上的困難，恐怕很難僅僅經由一些修正或是調整來解決的，因此它也便形成了某種典範的危機。在此一認識下，我嘗試提出另一套新思考，其中包括了對王弼思想的重新定位，以及假借嵇康來完成另一種哲學史的解釋，並以為嵇康才真正是玄學的第一人，而且也正是嵇康才完成了向老莊之回歸，同時並為這一回歸增添了宗教的面向。我以為這一新思考應可相當程度提供某種參考，以便玄學研究得由湯先生之典範中脫困，進而邁向新典範的建立。

當然，依孔恩的說法，任何典範的革命過程，都是一段競爭與說服的過程，因此我既期待也相信必有另一些具有競爭力之說法的出現，不過更重要的未必是很快去決定那一個說法更具成為新典範的潛力，而是我們真的得認識由湯先生所創造的典範性說法，的確已到了改弦更張的時候了。如果本文真能在鬆動湯先生系統之典範地位上，起到一些作用的話，也許就有一些貢獻了。挑戰任何與範當然都是艱難與冒險的，尚望學界先進不以我的狂妄為忤，我也誠懇地期盼各位的雅教。

中正大學《中文學術年刊》第 5 期，2003 年 12 月，頁 121～140。

〔註27〕拙作《歷史的嵇康與玄學的嵇康》，頁 106。

再論魏晉玄學與儒道會通

　　作為一個重要概念，儒道會通無疑是許多人都承認的，而且認為就是魏晉玄學的一個基本性格。這個概念的證據好像也是很顯然地，包括歷史上的許多證據，比如漢末曹魏時期，許多清談的典故，都以孔老為話題，作為玄學的領軍人物，王弼的《老子注》與《周易注》也是當時經典性的作品，這兩部著作剛好就是儒道最具代表性的作品，把這些例子聚攏起來，要得到在漢末時期存在著一種試圖會通儒道的思潮，好像也是順理成章的事。可是看起來的順理成章，真的就是實情了嗎？從這些歷史證據真的可以推論出存在一種學術思潮嗎？還是說這種推論跟歷史證據之間其實並不存在那麼嚴格的關聯，之所以說其中有著某種學術思潮的脈絡，其實也只是一種詮釋的暴力呢？也許我們該先明確一下，什麼叫做儒道會通。

一、儒道會通的意義

　　從最簡單的意思來說，儒道當然是指述先秦的兩個家派，儒道會通也就是這兩個家派之間，通過某種交流而取得了某種共通的共識與共性，這該是兩種思想的進一步發展。要獲得這樣一種發展，當然必須有某種過程，首先該是有對何謂儒、何謂道的某種討論，然後則是在兩者之間尋求某種折衷的看法。我們事實上在儒佛之間與儒、基督之間，都曾明確看到這樣一種努力，圭峰宗密的原人論，持儒家觀點的也許很有意見，但宗密的試圖冶儒佛於一爐，這企圖是明顯的，宋代理學家的基本立場當然不是儒佛會通，而是刻意地區隔儒佛，把這種區隔當成夷夏大防來看待，寖假乃有陳建的學蔀通辨，不斷地在陽明學與禪之間去比附，以一種抓賊的態度來區隔儒佛兩者。

但明代也是講儒釋道三教合一最盛的時代，這都是有意地尋找會通之道。這種會通有沒有道理，能不能構成一種真正的新思想之創發，也許還不是最重要的事情，但如果沒有這種自覺的努力，我們是不是還可以說存在著某種會通的事實，也許就值得商榷了吧！然則在漢末曹魏時期，真有這種自覺的努力存在嗎？

在進入這樣一種檢討之前，我們也許還可以再回顧一下，儒家在先秦主要有三個代表性的人物，一是孔子，二是孟子，三是荀子。他們之間的思想並不完全一致，孟荀之間的差別更是明顯，但是整體來說，「仁、禮」乃是他們的共同主張則無疑，對仁禮怎麼詮釋是一回事，大方向是一致的又是另一回事。特別是在漢朝，荀子的思想特別佔著優勢，這大概也是共識。如果說孔子在漢朝有一種「為漢立法」的特殊地位，五經也有一種特別的聖典身份，那在禮俗與社會規範上的詮釋，基本就是荀子的一套思想，大致是沒有疑問的。當然，《易經》的特殊地位乃是另一個課題，姑且容後說明，但儒家思想的內涵在漢代是有共識的，這樣的共識就發展成了東漢以後世家大族所謂的「名教」。在這樣的名教軌範下，孟子並沒有什麼地位，但這並沒有什麼關係，至少在漢代學者眼中的儒家乃是有著明確意義與內容的。可是道家呢？

道家在先秦的代表，當然就是老子了。我們姑且不捲入老子是不是單一的一個人的爭論，《老子》這部書就和《論語》之於儒家，乃是先秦道家的基本經典，這大概是沒有爭論的。可是老子和先秦後來的道家之關係，可能就和孔子與孟荀的關係大不相同了。孟荀作為孔子的繼承人，儘管思想主張並不相同，但在儒家基本的代表思想上，是有共識的。可是老子與他的繼承人之間，這關係就很難那麼明確說了。這原因一方面當然出於《老子》，《老子》這部格言體的書，本身的性格就是並不明確的，不只今天學界的詮釋很難理出一條清晰的脈絡，即使任何人想要把老子的思想完全兜攏來，成為一個首尾一貫的思想，恐怕都是一項不可能的任務。這也就是說，如果想要詮釋《老子》，其難度比諸詮釋《論語》是大得多的，任何人恐怕都不能沒有取捨，而在這取捨之間，想要求得一種共識，也幾乎是件不可能的事。

另一方面，作為老子在先秦廣義上的繼承人，在對老子的詮釋上也走出了幾條根本是風馬牛不相及的道路，其間的差異和孟荀之別是不可以道里計的。孟荀固然有根本的差別，但異中之同是很顯然的。可是如果要對比莊子

與黃老道家，或者甚至把韓非也算進去，那根本就是南轅北轍，簡直找不到任何關聯性。如果說把漢朝的《老子河上公注》，乃至《想爾注》也算進去，就更是越鳥與胡馬之別了。有趣的是，所有這些看來毫不相干的所謂老子的繼承人，最看重的概念卻似乎是一致的，如果說這些繼承人所選擇的主要概念都是來自老子的話，那他們幾乎不約而同的都選擇了「無為」這個概念，而不是我們今天的老子詮釋者所看重的「無、有」這一組概念。這點是十分重要的，因為他一方面表示了雖然他們都選擇了老子相同的概念，但對這概念意義的了解可以差異到如此程度，這其間完全不存在著由老子所帶來的規範力，所以所謂道家的概念，究竟模糊到什麼程度，就完全可以想見了。

第二，先秦的這些老子繼承人，也許唯一的相同點，就是都看重了無為這個概念，不管他們的詮釋多麼不同，這表示了他們看重的是老子在現實人生中的「實踐面」的意義，只是強調的實踐面不同而已。比如莊子強調的是精神實踐的層面，如何由無為來脫離由比較分別所帶來的生命桎梏，黃老道家則強調無為在政治實踐上如何協助統治者更好地貫徹其統治，兵家則強調以奇用兵之陰謀在兵法上的效用，養生家則強調收攝精神對長生延壽的效果等等。而一件很明顯的事情是，先秦乃至兩漢的道家繼承者，從來都沒有所謂的對「形而上」問題的興趣，無與有的討論其實根本不是重點，也不是道家在老子早期流傳過程中被注意的標的。我之所以要特別說明這點，當然是和我們今天的玄學討論是相關，也需要特別注意的。

根據這樣的簡略說明，我們如果再回到儒道會通這個概念上來看，我們說儒家的內涵在漢代是有共識的，但道家在漢代不只是個沒落的家派，也是個沒有清晰內涵的概念，那麼如果要說存在著儒道會通這件事，那麼總該有個釐清的過程，漢末的這些儒者到底是要和哪個意義的道家尋求會通呢？

二、儒道會通真的發生過了嗎？

對堅持漢末曹魏時期曾經發生過儒道會通的人而言，他們的證據是這樣的。第一，玄學之所以得名，乃由「三玄」而來。三玄就是指《易》、《老》、《莊》而言。這三部經典分別就是儒道的基本經典。既然如此，這三部經典就成為了儒道會通的最基本證據。第二，王弼同時注《老》、注《易》，冶《老》、《易》於一爐，這看起來當然也是儒道會通的另一個鐵證。而且如一般所說，王弼以「援老入易」的手法，處理了《老子》與《易經》的問題，也

「奠定」了玄學處理儒道會通時，以儒為表，以道為裡的基本方向。第三，由於道家主張「自然」，儒家在東漢以後也以「名教」作為標榜，所以在魏晉出現的「自然與名教」的課題，當然也就是儒道會通的另一個「無可置疑」的證據。這證據有時也用另一個清談的話題，也就是「有無」之辨出現，裴頠的〈崇有論〉就是一個絕佳的例子。有無之辨「當然」是老子的一個老命題，把老子的命題拿到自然與名教的課題中，這不是儒道會通的思考還會是什麼呢？

這些證據看起來的確是十分堅強而有說服力的。然後湯用彤先生又為這樣一個說法補上了一個更有深度的哲學與思想史的論證，他認為整個兩漢到魏晉的思想過渡，就是從兩漢的「宇宙論」取向轉向到魏晉的「本體論」取向，這個轉向是以道家對「有無」的討論作為主要代表的。他還在這裡補充上了荊州學派的論證，這就為整個玄學的出現，以及其所顯示的所有意義完整起了整個學理上的論證，成為了一個「鐵證如山」的判斷。這也就是為什麼湯用彤先生在玄學領域裡迄今都還具有典範意義的原因。當然，他這樣的論證架構，也同樣為儒道會通提供了「堅強」的論證，因為只要以此架構來詮釋王弼，就可以把上述證據完全貫串起來，將整個玄學放到儒道會通的脈絡裡，而且看起來真是個完美的斷案，也為當代中國哲學史的學科化，提供了一個美麗的案例。

但是這樣一個看起來完美的斷案，真就無懈可擊了嗎？這個論題當然太大，也不是本文的主題所在。但我在拙文〈試論玄學的分期問題〉中，已經有了一些原則性的處理。以我來看，這樣一個斷案其實是有根本問題，以致當拆解了湯用彤先生架構的哲學基礎與歷史證據之後，這個斷案是會全盤崩潰的。由於拙文俱在，此處我也不擬重述，我只想回到儒道會通這個問題的基本證據以及它所涉及到的思想層面的問題，做一個簡單的檢討，來重新審視一下儒道會通這個概念的合理性究竟在哪裡。

我想從兩個基本的歷史證據開始談起。一個是三玄中的《易》、《老》、《莊》在魏晉的學術討論中是不是同時出現的？另一個則是關於有無的討論是在什麼脈絡中出現的？我以為這兩個問題的釐清，對儒道會通這個概念的釐清將會提供重要的參考點。

三玄的說法是晚出的，它並不是從漢末開始就已經確定為學界共識。不過如果我們回到漢末曹魏時期，就會發現《莊子》這部書無論當時學者是否

讀過,莊子的思想並不曾成為當時清談場域的任何話題,這現象至少在正始之前都是明確的。王弼固然用過得魚忘筌的典故,但他不曾討論過莊子的任何命題,這也是事實。得魚忘筌的說法是套在得意忘象的脈絡中說的,而得意忘象又是放在《易》〈繫辭〉言不盡意的脈絡中說的。或者說這得意忘象的「忘」字,已經暗合了莊子的思想,但如果我們不過度詮釋的話,大概還是很難說王弼已經把這個忘字當成了一個核心的重要概念,忘象之忘和莊子說坐忘之忘,其差距也還是很大的。這也就是說只有《老子》與《易經》才是正始以前曾進入知識份子論域的經典。

而可以作為對比的是,正始之後,如果我們仔細考察一下,就會發現《易經》幾乎從學術討論中消失,代之而起的則是《莊子》。《莊子》突然成為顯學,毫無疑問是因為嵇康的緣故,而特別的是,在嵇康的著作中,幾乎找不到《老子》與《易經》的痕跡。正始之後,即使討論老子,也完全是莊子化了的老子,和正始之前討論的老子,其脈絡是明顯不同的,然則這難道會是一個偶然的現象嗎?

在歷來的玄學討論者中,很少有人注意到這個其實還算明顯的斷裂現象,這是很可怪的。所有玄學的分期都認為玄學有三或四個段落,但無論怎麼切分,都一致認為這些段落乃是有著明顯的繼承關係,正始玄學與竹林玄學是最重要的兩個段落,但從來不曾有人看出來其中的斷裂。我曾在許多地方都指出作為這兩個時期代表人物的王弼與嵇康,實際年齡嵇康比王弼還大三歲,這兩人雖同殿為臣,但沒有任何交往的記錄,王弼著作中不曾有任何嵇康的影子,反之亦然。像這樣兩個緊密銜接的時代的兩位學界領袖,居然沒有任何交集,豈不可怪?我也曾指出另一重要證據,那就是作為竹林玄學另一位舵手的阮籍,他是王弼、嵇康等三人中年紀最大者,青年的阮籍明顯曾受到王弼的影響,在他的〈通易論〉、〈通老論〉中,可以清楚看到王弼的影子,這當然代表了王弼這位青年在當時學界振動人心的程度,以致讓一位比他大十幾歲的世家公子都願意在思想上追隨他。可是有趣的是,阮籍在正始之後,幾乎是盡棄之前所學,轉而追隨嵇康,大談莊子之學。這些證據都是明擺著的,而且不可能是沒有意義的。如果我們的詮釋對這些證據都視而不見,恐怕不會是明智之舉吧!

該如何詮釋這樣的斷裂現象姑且按下不表,我此處想指出的只是一個簡單的事實,也就是《易》、《老》、《莊》這三玄並不能擺在同一個平台上來

看。這個事實當然埋藏著一個重大的秘密，可是這簡單的事實也指向了另一個問題，就是老子學的出現，其背後究竟是基於什麼樣的問題意識呢？如果《易》、《老》的同時出現，這當然可以理解為儒家經典與道家經典的平起平坐，也可以像後來的理解，也就是在援老入易的過程中，讓道家對儒家進行了一次偷梁換柱的工程，但理論上也未嘗沒有另一個可能，那就是老子的出現還是在漢代易學發展的脈絡中，為了替易學問題提供服務而出現的。這後面一種可能卻是歷來詮釋者都不曾考慮過的，但如果我們真是一個學術場域中公正的法官，能夠不考量這樣一種可能性嗎？當然，明眼人會知道我想提出的問題是，至少在正始之前，是不是有一個清晰的來自以老子為代表的道家式的問題意識出現？如果有的話，那麼前兩個可能性就存在了，但如果沒有呢？

這個問題的一個比較簡單的檢查方式，就是回到王弼的《老子注》與《周易注》，搞清楚這兩者之間的關係，如果說王弼真的是援老入易，或者是可以證實他是根據兩個不同脈絡來處理這兩個注解，那麼都還是可以證實確有道家的問題意識出現，但若是相反的狀況呢？那問題當然就得另作考慮了。當然，這裡還有一個問題，那就是所謂道家的問題意識到底意味著什麼呢？前面我們說老子的性格是不明確的，而先秦兩漢的道家詮釋者的詮釋方向也各不相同，然則這是不是意味著我們根本就無法確定什麼是道家的問題意識呢？這裡當然有一些麻煩，也似乎不可避免會有一些爭議，但我們也可以簡單些看，如果說漢末曹魏的學者所詮釋的所謂道家，是個從未曾在之前出現過的道家思想與問題意識，就算它還是有著經典上的依據，這種擴大的詮釋方式，也許人們還是可以辯稱那就是一種通過儒道會通而來的思想創發，但因為這樣的解釋和歷史上對玄學的理解畢竟是有差距的，也許我們就不能算了。這是我們先做的一點方法論上的澄清，也許問題並不會如此複雜呢。

關於王弼這兩部經典性的注解，論者已多，拙文〈試論玄學的分期問題〉中也做了詳細討論，此處同樣不做詳述，僅簡單略述如下。在我看來，王弼援老入易的說法其實只是眾口鑠金的說法而已，並沒有多少實質的根據，王弼的解《易》，事實上大體繼承了早期象象傳解《易》的模式。無論王弼掃象掃得是否徹底，他離開了漢易主流解釋的觀點，這是事實，但這並非王弼所獨創，漢末以來圍繞著《易》有沒有互體的說法，已經預示了這個問題，王弼

只是採取了漢末學界的主流觀點，逐漸放棄漢儒解《易》那套繁複得讓人眼花撩亂的技巧而已，當時還堅持用漢易主流觀點解《易》的，大概也只剩一個在邊陲地區的虞翻而已。當整個漢易解釋已經改頭換面，王弼用新的主流觀點來解釋，這並不足為奇，他的解釋放到易學的脈絡中要怎麼看，這是一回事，但對我們此文比較有意義的則是這種改換到底和所謂的道家有沒有關係？這才是重點所在。關於這個問題，我們大概可以從兩方面看，一個是漢易的這個轉變，是否和道家某種意義的興起有關？另一個則是王弼是否真採取了某種道家的觀點，因而改變了他對《易經》的詮釋策略？底下我想先看看這後一個面向。

說王弼援老入易，這幾乎已經成了學界不容挑戰的斷案，可是一般人也許並沒有想過，所謂的援老入易是什麼確定的意指。如果說王弼曾引述老子的意思來解易，由於例證不少，這大概沒有人能否認。但同樣的，我們也可以找到證據說王弼在解老時，也大量引述了易經的意思，那這可不可以也反向來說王弼是援易入老呢？看來學界並沒有這後一種說法，但這不就不公平了嗎？當然學界在說王弼援老入易的時候，其實假設的並不是這麼鬆泛的意思而已，而是認為王弼乃是把援老入易當成一個「方法論原則」來看待的，也就是說他是根據著老子的思想來解易，易只是其形，老才是實質。但這樣的意思真的經得起考驗嗎？

在前引拙文中，我曾提到對這個問題做過最嚴肅考慮的，大概只有戴璉璋老師了。戴老師在他〈王弼易學中的玄思〉〔註1〕一文中，承認王弼在講《易經》時，多數所說都還是一種和儒家一脈相承的實踐體會，當然，如果承認這點，再要把援老入易當成一個方法論原則來看待，就會很辛苦了。可是戴老師還是勉力提出了一套詮釋。他認為王弼在大量採取了儒家實踐體會的狀況下，還是可以以對老子玄思之體會作為核心的，那就是王弼用了「有無本末」這一原則，來處理了儒與老的關係問題，也就是以老為無為本，以儒為有為末。這樣他就可以宣說王弼以老為本的立場了。這辯論確實精彩，但如果要順這辯論展開，恐怕篇幅就太大了，所幸拙文已有清楚辯論，請參看。在我看來，戴老師這樣的努力恐怕還是很難真的把援老入易發展為一個普遍的方法論原則的，這也就是說如果援老入易不能被當成一個方法論的原

〔註1〕戴璉璋《玄智、玄理與文化發展》（台北：中央研究院中國文哲研究所，2003年），頁26〜80。

則來看待，那麼我們就必須承認王弼的解《易》仍然是放在儒家本位上的，因為王弼解《易》真正繼承的傳統，依然是先秦《易傳》的脈絡，他並沒有用道家的脈絡替換了這一個傳統。所以關於王弼把易經改換成了道家易的說法，也只是一個想當然耳的誤會了。然而這問題就來了，那王弼去註解老子，又是為了什麼？是用註解《易經》來發揚儒家，用註解《老子》來發揚道家嗎？這還真是一個不容易講清楚的問題。

王弼注《老》的權威太大，一般公認這是注《老》最好的一部作品，最足以準確詮釋老子的精神。要挑戰這個權威性的看法，的確很不容易，裡面攸關詮釋的問題太多，很難說得清楚。好在我也不是非得挑戰這個權威不可，我只是想問如下的一連串問題：王弼在注《老》中到底表達了什麼樣的思想？這樣的思想跟先秦道家的淵源到底是什麼？是有明確的淵源呢？還是根本是一個新的講法呢？如果是前者，則這個淵源是怎麼來的？如果是後者，那又是怎麼來的？我們又該如何解讀這個淵源？這當然是個混雜了哲學詮釋與思想史的問題，也同樣是個必須有專門處理的問題，此處同樣無法做精細的處理，我也同樣只能簡略交代我的看法。

湯用彤先生對王弼的說法，有一點應該是正確的。王弼在老子裡面主要談的就是一個「有無體用本末」的問題，而且偏重在發揚「無」的一面，並由之開始了一些實踐性的體會，聯繫到了「無欲、無為」等等的問題，但很明顯的這些實踐體會乃來自於對「無」的聯想，這也就是說對王弼而言，無才是一個根本的概念，王弼「聖人體無」的說法，充分說明了這個思路的脈絡。但現在最棘手的問題，就是這樣的講法是不是一個有明確淵源的講法？我的意思特別是指它和先秦道家的關係。

以無為體的講法，從字面上看，是沒有淵源的，因為先秦的幾個老子詮釋都把重點放在無為上，都是一種以實踐性為脈絡的講法，只是無為概念的內容不同而已。可是牟先生有一個詮釋，就是他把老子也好，王弼也好，都放到了一個所謂的「境界型態的形上學」裡去，也就是說他認為老子確有一套形上學的講法，只是這套形上學是個姿態，其實質還是一套實踐哲學，一套以對無的體會，並將之體會為無為無執之義的實踐哲學，而王弼就繼承了這套哲學。如此一來，牟先生就將老子與莊子之間構成了一個哲學上的聯繫，也許莊子對形上學的興趣並不高，但從對無為自然之體會為無執自在，則是在同一個脈絡中的。而如果王弼也在這一個脈絡中，這就自然有了一個明確

的淵源關係。

　　這是通過一種詮釋方式，為王弼和先秦搭上了直接的淵源。關於老子是不是有一套境界型態的形上學，由於這點和本論題無關，我們可以暫置勿論，但王弼真是在這個脈絡上接上了老子嗎？這也許就是另一個問題了。要討論這個問題，有兩個層面也許是可以考量的，一個是王弼真有一種類似莊子實踐哲學的內涵嗎？另一個則是這樣一個脈絡在現實時空中是怎麼出現的呢？至少有一點是明確的，整個兩漢我們找不到任何證據來說，有哪位學者在講這套莊子的實踐哲學。而王弼身上似乎也找不到什麼特殊因素，讓他跟莊子有了交會的可能性，如果一個學者在完全沒有現實憑藉下，就只是憑思考而可以獨力銜接上一個斷掉了幾百年的傳統，這實在是不可思議的事，所以我們難道不該問問這是如何可能的嗎？

　　而若從另一點考量，整個王弼的《老子注》，如果說它有許多生活實踐上的體會，大概沒有問題，但是它在整個實踐層次的講法和《周易注》之間，其實是沒有太大差別的。老實說，我們很難在《老子注》裡找到像莊子一樣，脈絡一致地談無為無執的心靈自在這樣一種精神實踐境界的。這也就是說，牟先生用境界型態的形上學來表述老子，由之而說老莊的關係，不管對不對，它們觀點的連接大體都是順適的，可是如果要把這種連結擴大到王弼的老子注來，也許就有些牽強了。換言之，如果一定要把老子、莊子跟王弼都綁在一起，在哲學上是不是連結得起來，恐怕是有些問題的。如果說莊子的問題意識是一個已經缺席幾百年的意識，從王弼身上又找不到現實因緣來銜接，哲學上也不是那麼順適可以連結起王弼與莊子，則我們還有多少空間可以在先秦與王弼間搭上一座橋呢？

　　如果說牟先生通過詮釋的手法試圖為王弼與先秦道家做出聯繫的方式，有其不那麼妥貼的地方的話，湯用彤先生的做法有可能嗎？其實很簡單的一個事實，如果湯先生把王弼思想準確地放在「無」上，並且將它變成一個本體論的命題的話，那就沒有機會讓王弼和先秦道家構成聯繫，因為這樣的問題意識在先秦根本不存在。當然，人們可以根據對老子的詮釋賦予老子這樣一個問題意識，但至少先秦的老子詮釋者，並沒有任何人從這樣一個脈絡來繼承老子，這至少是一個沒有構成過任何「學統」的思路，當一個沒有學統的思路突然在一本性格並不明確的老子與王弼間構成一種學脈相承的關係，這樣的關係難道不給人一種不可思議的感覺嗎？而且歷史上兩漢時期除了有

很少數人偶爾提到老子之外，根本找不出一個所謂的道家，那麼要從這樣一個證據來說有所謂的儒道會通乃是一個時代風會，恐怕也就相當勉強了吧！

然則問題就回到了一個基本問題上了？我們該問的是，王弼為什麼要寫《老子注》？有沒有可能是我們假設的看來最不可能的方案，也就是王弼並不是為了什麼援老入易，而是寫《老子注》乃是為了來支援他的《周易注》呢？如果是這樣，當然也就跟儒道會通無關了，那只是儒學內部的一個新說法，老子被借用來作為支援儒學討論的一個新工具而已。這看法似乎有些顛覆性，但實情呢？

三、王弼注老一個可能的解釋

如果儒道會通是個很難被建立的概念，我們很難找到理由用一個傳統家派互動的方式來理解玄學的興起，但王弼憑空的注《老》之舉又是鐵錚錚的事實，這究竟該如何理解？從漢末開始，確有注《老》的現象發生，但在知識份子群中，王弼的確是第一個。其他的注《老》大概比較和道教有關，可以歸之於養生家，而這一脈絡並沒有進入學界或精英階層的討論，大體只是小傳統的東西，因此可置勿論，但王弼的注《老》無論從哪個角度來看，都是一個大論題，不能沒有解釋，可是這解釋確實也不容易，如果不能有一個比較言之成理的說法，恐怕就很難杜絕儒道會通說法的誘惑力吧！

對這問題，我曾做了一些艱難的考證，由於同樣頭緒紛繁，我也只能簡略敘述。我的整個想法其實是從湯用彤的一個似乎不經意的判斷來的。湯先生曾有一個判斷說，玄學的命題跟揚雄與王充有關。這講法真的很怪，但又似乎真有那麼一點由頭。對這判斷，湯先生從未給過任何論證，而論證的線索也的確很難尋找，揚雄是有名，但他的名聲多半是在文學上，他努力想當一位學者，也努力寫了《法言》以模擬《論語》，寫了《太玄》以模擬《易經》，這都符合當時儒者擬經的時尚，但他從來不是當時學圈公認的學者，只是個學界邊緣人物，幾乎沒有任何影響力，後續除了東漢初的桓譚之外，也沒聽說誰繼承他的學問。王充更是一個邊陲人物。我們今天也許有人看中他的思想，但在東漢，他的《論衡》根本沒人知道，一直到漢末的蔡邕，才提了提他，但要說誰繼承他的學問，也是說不上來的。在這狀況下，要聯繫揚雄、王充與王弼的關係，真是個困難事。

可是揚雄在漢代學術中所代表的某一層意義，又似乎給了一種想像空

間。揚雄是個邊陲人物不假,而他也是西漢少數敢對主流學界發出批判聲音的人。當時西漢的學界為五經博士所把持,除了講經典之外,一種主流思想就是「占測天命、天意」,《易經》在西漢的流行,就是因為這種思想。可是揚雄大概是第一個引用論語「夫子之言性與天道,不可得而聞也」來質疑這種思想的人。他的質疑當然不是質疑天道這個概念,也未必是採取天道不可知論,否則他也就不必寫太玄經來模擬易經了。原則說,揚雄的意思大概是孔子也喜歡讀《易》,可是他並不多說天道本身的事,用孟子的話說,就是「見之行事之深切著名」者,這種對天道本身存而不論的態度,表現在《太玄經》裡,就是用「無」來描繪天道這樣的概念。太玄經的玄攤篇說「玄者,幽攤萬類而不見形者也,資陶虛無而生乎」,這樣一種講法就有意思了。

揚雄與王充在一點上是相同的,那就是對災異的態度。災異論是漢代學者的普遍信仰,他們認為災異就是天心示警的表示,也就是天道的直接表現。我們也許也可說,災異就是天道的內容。但揚雄他們反對講災異,這態度未必代表他們認為災異跟天道無關,只是認為聖人未必會對此大講特講,大肆宣說災異,是一件虛妄不實的是,我們只要在具體的事相上努力去做就好了。這樣的態度如果放到王弼的易學之中,似乎就有了明確的銜接點了。換句話說,在揚雄之談無,並不是把無當成一個道家的概念,而是儒學內部根據他對孔子精神之體會而做的一種表達。那王弼之談無,會不會也是基於相同的立場呢?

我曾經從幾個角度試著解決這個問題。第一,揚雄這樣的思想是不是就像我們表面上看到的,由於揚雄只是位邊陲的學者,所以對後世沒有發揮什麼影響呢?第二,易學在東漢的發展是不是有這樣一種傾向,也就是反對一種太明確去確認天意的傾向?第三,王弼本人的著作是否也的確傾向以這樣的命題來理解無?

就第一點而言,我做了一個有趣的考證,發現了東漢今古文之爭,不全然只是一個經學上的問題,它還牽涉到東漢朝廷權力分配的問題。尤其古文家多半出身於賦家,這是很有趣的。傳統我們都認為古文家重訓詁而輕章句,這自然是事實,但我們往往忽略了他們與今文家思想上的差異,古文家多不論災異圖讖,這在思想淵源,乃至出身背景上,與揚雄都是有一脈相承之關係的。而東漢中期以後,古文家成了學界最有影響力的一群,這也就初步解決了從揚雄到王弼的歷史脈絡問題。

第二，易學在東漢的發展，特別在古文家影響力變大了之後，有一種去繁瑣化的傾向，掃象的傾向的確是在增加，在解釋經文上，固然仍用了許多象數的做法，但像京房說卦氣、飛伏等等與天意的神祕性相關聯的東西，的確是在減退中，而且越往後這傾向就越明顯，到了漢末，連象數學裡最基本的互體之類的說法，都有人開始質疑了，這個趨勢對王弼是有明顯影響的。

第三，王弼在〈老子指略〉裡的一些說法，如果我們不存成見的話，就會看到他表達了一個和揚雄相當類似的說法，他說「物之所以生，功之所以成，必生乎無形，由乎無名，無形無名者，萬物之宗也」，這和玄攤的說法是很近的，如果我們說這就是從揚雄開始，歷古文家而下，到漢末所形成的一個和漢朝主流學界占測天命的傳統不同的新思想，大概還是言之成理的吧！但無論如何，這樣的表達，都還是把老子所說的無當成對易學之所由以建立之基礎的表達，也就是說，這和道家是不相干的，老子在這個當口出現，不是以道家思想的代表出現，而是作為易學的一環而出現的。這樣的判斷也許出乎情量，但我覺得卻是比用儒道會通更有說服力的一種解釋。

四、該如何理解所謂的自然與名教問題？

前面我大致說明了「儒道會通」這個說法對理解玄學其實是沒有什麼幫助的，但這樣的判斷也許會立刻遭到一種抗辯，那就是說魏晉時期有關自然與名教的衝突與和解，就是儒道會通過程的一種表現，而自然與名教的關係正是玄學中一個非常重要的論題，所以我們仍有理由必須正視儒道會通的問題。

這個論題也是開始於湯用彤先生的。但是這樣一個辯論其實來自於一種普遍的誤解。我們只要回到歷史證據，來問問自然與名教的議題是什麼時候，在什麼因緣下出現的，其實就很清楚了。

很顯然地，自然與名教對舉，並且真正成為一個論題，乃是開始於嵇康的〈釋私論〉，在此之前，只有名教問題，沒有自然與名教對舉的問題，今天有些人硬要在嵇康這篇文章之前去找證據，其實是沒有意義的。然則嵇康是在什麼時候寫的這篇文章呢？嵇康寫〈釋私論〉是有現實因緣的，那是在司馬家奪得政權，由於司馬家乃是世家大族出身，所以刻意提倡名教，以名教來成其私的狀況下，因而引起出身曹家的嵇康之批判的。換句話說，這必然是一篇完成於高平陵政變之後的作品，那時王弼的屍骨已寒，怎麼還有可能

以這樣的論題來支持儒道會通作為玄學興起的問題意識呢？

的確，嵇康越名教而任自然的命題，乃是玄學轉向以莊子為典範的一個重要轉折點，關於這個論題我曾在拙作《歷史的嵇康與玄學的嵇康》中有完整的論述，由於和本論題無關，這裡就不多贅述了，諸君如有興趣，還請參看。但無論如何，拿儒道會通和自然名教問題放在一起來看，無疑是顛倒了時間順序的判斷。玄學的確有一個由自然與名教問題衍生的儒道會通的論題，但在我看來，那也是在樂廣說「名教中自有樂地」時才出現的，也就是說，有一個儒道會通的命題，是作為玄學的一個導出性問題出現的，如果把這樣一個論題翻轉為玄學發生的問題意識，其實是沒辦法通過各種證據之考驗的。這就是我對魏晉玄學與儒道會通之關係的基本判斷。這判斷幾乎要挑戰今天玄學界大多數人的認識，但是否會有人正視我的挑戰呢？二十年的經驗告訴我，也許我還是歸臥南山陲吧！狂人絮語，還供諸君一笑！

《吉林師範大學學報（人文社會科學版）》
第 1 期，2017 年 1 月，頁 6～12。

王弼哲學進路的再檢討

一

　　王弼學宗老莊，這殆已為學界的共識，但誠如湯用彤所言，世人「多知王弼好老，發揮道家之學，而少悉其固未嘗非聖離經。其平生為學，可謂純宗老氏，實則亦極重儒教。其解老雖精，然苦心創見，實不如注易之絕倫。」〔註1〕是則弼實出入孔老，所謂「會通儒道」者也〔註2〕。然而就算我們在哲學上可以如此為王弼定性，是否就代表我們已可對其學「一言以蔽之」了呢？

　　這問題嚴格說來，在這幾十年的魏晉玄學界，恐怕依然是鬧不清楚的。仔細考量起來，其關鍵可能全集中在王弼的《周易注》上。就主流的觀點言，歷來對此書總是集中在「以老解易」「掃象」「得意忘象」之類的概括性理解上，這說法當然是十分粗糙的。因為所謂王弼的掃象，並非全不用象數，而只是不刻意去求象，或說不以象數為主導性概念而已〔註3〕。而忘象之說當然承自老莊，但這所謂的「傳承」究竟是什麼意義下的承呢？它是純依老莊之

〔註1〕湯用彤先生《魏晉玄學論稿》（以下簡稱《論稿》），〈王弼之周易論語新義〉，頁83。

〔註2〕「會通儒道」之說原亦肇始於湯用彤，此後牟宗三先生及牟門弟子大抵均依此立論，而且不只是將之當成一個哲學命題，甚至把它當成了哲學史乃至思想史的命題，此說在牟先生及弟子的著作中極易見到，故不引證。

〔註3〕如王葆玹《正始玄學》云：「王弼解釋臨卦而沿襲十二月卦說，證明他對象數不是絕對排除，而是隨意取用，王弼解釋多數月卦不取十二月卦，並且一概不用六日七分說，證明他對象數未曾拘執誇大，而是適度舍棄」此論可稱平允。引文見該書，頁258。

義理架構以說易呢？抑是其中尚有曲折？看來稍精細的說法，大概少有人認為王弼是依前者的路數說易，因為王弼一方面相當尊重象象文言這些漢易以前的古典說法，另一方面，通過周易經傳所沿襲下來的基本道德識或實踐法則，也依然完全保存於《周易注》中。雖然說，此書中的確隨處可見有近於道家式的實踐法則，但至多只能將兩者等量齊觀而已。由於這些原因，乃不免會有些爭議，戴璉璋先生曾綜述云：

> 基本精神並不相同的儒、道兩家思想，王弼是怎麼把它們會通起來的呢？有人看出他用雜揉擾和的手法，也有人指出他用有無本末的方式。假如王弼只用雜揉擾和的手法，當然不能真正會通儒道，我們著眼於他的雜揉擾和上，實在也看不出他在易學中的玄學思想有什麼體系。〔註4〕

依戴先生之說，他顯然反對無體系的雜揉說，而主張仍依有無本末的方式說。這一路的看法主要來自於湯用彤。湯用彤詮解王弼，主要是用所謂「本體論」的方法。湯氏云：

> 漢人所謂天、所謂道，蓋為有體之元氣，故其天道未能出乎象外。至若王弼，則識道之無體超象，故能超具體之事象，而進於抽象之理則。〔註5〕

說漢儒之所謂道是氣化中事，當然無可疑，而說王弼之所謂道為一抽象理則，則此一理則究為何？又何以此一理則足以統括儒道之實踐法則呢？

依湯氏的看法，王弼「道的理則」顯然是一西方形上學之存有概念，如其云：

> 王氏之所謂本體，蓋為至健之秩序，萬象所適所由，而本體則無體而超象，萬有事物由真實無妄之本體以始以成，形象有分，而體為無分至完之大全。事物錯動，而體為用形制動之宗主。本體超越形象，而孕育萬物。萬物殊變，俱循至道，而各有其分位。萬有之分位固因於本體之大用。〔註6〕

嚴格說來，這所謂的本體以及其所涵的秩序，即已包含了一套本體宇宙論式

〔註4〕 戴璉璋先生〈王弼易學中的玄思〉（以下簡稱〈玄思〉），《中國文哲研究集刊》創刊號，頁202。
〔註5〕 《論稿》，頁90。
〔註6〕 前引文，頁91。

的格局，湯氏亦即以此區隔漢儒寡頭唯氣式之宇宙論。湯氏這一詮解方式，頗代表近代詮釋王弼的一種主流觀點〔註7〕，但它的問題也是很顯然的，牟宗三先生即曾詳細辨說，以一種存有型態的形上學來理解這一思路是不恰當的。這主要是源自於兩方面的考慮，一是這本體之「內容的意義」，在王弼的疏解中，完全不曾以任何認知型態來規定，王弼嚴分名謂，同時將「本體」之所有描述語，皆規定於出乎「主觀之涉求」的稱謂上〔註8〕，也就是說他乃以一種主觀實踐的態度來說本體，牟先生云：

> 此沖虛玄德之為萬物之宗主，亦非客觀地置定一存有型之實體名曰沖虛玄德，以為宗主。若如此解，則又實物化而為不虛不玄矣。是又名以定之者矣。此沖虛玄德之為宗主實非「存有型」，而乃「境界型」者。蓋必本於主觀修證，所證之沖虛之境界，即由此沖虛境界，而起沖虛之觀照。此為主觀修證所證之沖虛之無外之客觀地或絕對地廣被。此沖虛玄德之「內容的意義」完全由主觀修證而證實，非是客觀地對於一實體之理論的觀想。故其無外之客觀的廣被，絕對的廣被，乃即以此所親切證實之沖虛而虛靈一切，明通一切，即如此說為萬物之宗主。此為境界型態之宗主，境界型態之體，非存有型庇之宗主，存有型庇之體也。〔註9〕

即在指明此一意思。另外一方面，由這本體所衍生的「至健之秩序」，由於本體並不適合以一實有之方式來理解，故這秩序亦不能理解為任何形式創造性實體之創造，因此它所涵蘊的一套宇宙論，只能是一種實踐上之「觀照的宇宙論」。牟先生云：

> 道之生萬物，既非柏拉圖之「造物主」之製造，亦非耶教之上帝之創造，且亦非儒家仁體之生化。總之，它不是一能生能造之實體。

〔註7〕 關於此一觀點，茲以勞思光和余敦康二先生為例，他二人的看法實有某種程度的代表性。在勞先生的《中國哲學史》中謂王弼所說之道，實即存有論中的「實有」概念（說參該書第二卷第二章論王弼的部分，見於頁170～173）。至於余敦康的《何晏王弼玄學新探》則云：「就理論形態而言，貴無論玄學以哲學本體論取代了兩漢時期的神學目的論」，其立場亦很明確。余說見該書，頁13。

〔註8〕 如《老子指略》云：「名也者，定彼者也，稱也者，從謂者也。名生乎彼，稱出生我。故涉之乎無物而不由，則稱之曰道，求之乎無妙而不出，則謂之曰玄」，可見道、玄等等概念確出乎主觀之涉求。

〔註9〕 牟宗三先生《才性與玄理》（以下簡稱《玄理》），頁141。

> 它只是不塞不禁，暢開萬物「自生自濟」之源之沖虛玄德。而沖虛
> 玄德只是一種境界。故道之實現性只是境界型態之實現性，其為實
> 現原理亦只是境界型態之實現原理，非實有型庇之實體之為實現原
> 理也。故表示「道生之」的那些宇宙論的語句，實非積極的宇宙論
> 之語句，而乃是消極的，只表示一種靜觀之貌似的宇宙論語句。此
> 種宇宙論之語句，吾名之曰「不著之宇宙論」。〔註10〕

這些就湯氏所說的架構所作的批評在哲學上恐怕是很難翻案的。也因此，牟先生乃主張以一種「境界型態的形上學」來規範王弼的思路，這也就是說，我們必須以一種主觀實踐上的「作用的保存」這觀點來看待所謂的王弼之「道的理則」，牟先生也便是以此種方式來理解王弼之注易，當然這也仍可說是一種「用有無本末的方式」來說易的方式，只是其內容和湯氏所說的不同而已。

然而，無論由上說的那一種型態，他們又是否能解決另一問題呢？這也就是說一套形上理則和儒、道這截然不同的實踐理則之間如何縫合呢？這是不是可以用簡單的「本末體用」來概括即可了呢？就形上理則和實踐理則之間的差距言，戴璉璋先生曾說：

> 上述這些本末關係（指卦體與卦爻、意與象之本末關係）還不是本
> 體宇宙論上終極意義的本末關係。體為卦爻之本，意為象之本，象
> 為言之本，這種本都有特定的內容。如果放在《老子》「天下萬物生
> 於有，有生於無」的體系中來看，它是有，還不是無。〔註11〕

這一差距的確是需要彌合的。然而若是依存有型庇之形上本體來理解這本末體用，則何以一個形上的認知型態的存有能和某種純粹的實踐法則相合一呢？湯用彤云：「萬物各有其所本之理，故各有其性。『物皆不敢妄，然後乃各全其性』宇宙之全體蓋為一大秩序，秩序者謂萬理之全」〔註12〕，這所謂的秩序當然是由前說本體之「至健之秩序」而來，但作為萬物之經驗底實踐秩序與作為宇宙論由形上本體而發的宇宙秩序，何以必須要為一，湯氏並沒有回答。而證諸西方類似的形上系統所衍生出來的價值系統，也並無這兩類秩序合一的說法。然則湯氏若要解決前述問題，顯然將面臨一些論證上的困難。

〔註10〕《玄理》，頁162。
〔註11〕〈玄思〉，頁223～224。
〔註12〕《論稿》，〈王弼大衍義略釋〉，頁65。

其次，若是依境界型態的形上學來理解本末體用，則所謂本、體，依牟
先生的說法，乃是指「道心」之一種遮撥式之遣執作用，這是一種實踐層次
工夫論的說法，而末則指一切實踐之秩序。牟先生云：

> 王弼說此一為體為本，是以道家之無、自然為背景，依道家之路數，
> 此一之為本為體，純由遮顯，故只能從外表描述其形式特性。如無、
> 自然、寂靜、一、本，皆形式特性也。〔註13〕

牟先生復云，此一形式特性之實質內容的決定乃在「心性」〔註14〕，換言之，
這是一種心性層次上的實踐工夫。戴璉璋先生乃進一步云：

> 代表君子之德的仁、義、禮，是「有」，對於仁義禮「無所尚」、「無
> 所競」是「無」。有這樣的無為本，才能成就「仁德之厚」、「行義之
> 正」，「禮敬之清」。一切事物的名與形是有，無名無形則是無。有這
> 樣的無為母，才能名以篤而形以成。這是所謂「守母以存其子，崇
> 本以舉其末」，也就是「將欲全有，必反於無」的意思。〔註15〕

這也就是說由於「無」之工夫，所有實踐面說的道德法則才真能成全其道德
意義。在牟先生一系的想法裡，他正是以這種「作用的保存」之理解方式，來
詮解王弼的會通儒道之實踐法則。

嚴格而言，牟先生這一詮解方式，其形上學的意味是很淡的〔註16〕。這
種偏就工夫的角度，以求理解王弼會通儒道的方式，無論在論證上，或是和
一般人對王弼之印象的符合度上，都是比較有說服力的。但筆者以為，就《周
易注》而言，這一詮解方式仍不免面臨一些困難。因為純從《周易注》來看，

〔註13〕《玄理》，頁 102。

〔註14〕《玄理》繼上注引文之後復云：「從形式特性言之，儒道皆同，甚且佛耶亦同。
惟從實際的內容特性言之，則體之所以為體，儒道不同，其不同的關鍵在『心
性』」此雖是說儒道之不同，但亦可知他以為王弼之言體，其「實際內容」乃
在心性上。

〔註15〕〈玄思〉，頁 225。

〔註16〕《玄理》云：「魏晉名理，順道家言無而來之玄論，就無之為本體說，雖說動
以觀之，『無』有客觀實體之意義，主觀聖證之『無』有客觀之姿態，而為天
地萬物之始，然因其自反面立言，自否定之路以顯『無』，又因德性之心性不
立，不能解消自由與道德之矛盾，則即不能真建立道或無之客觀實體欠意義，
亦即不能真至主客觀性之統一，而不免於偏枯。故自莊子與後來之向、郭，
則即消化此客觀姿態，而純歸於境界型態。雖云動觀、靜觀兩不相礙，然畢
竟『無』之客觀實體意義是虛說，故不能真建立道之客觀性，亦不能真至主
客觀性之統一。」這意思十分清楚，見頁 274～275。

當他在說及健順剛柔、居中履正、著信立誠等等實踐法則之時，並不是單從這些道德法則之作用的保存上立論，他也同時強調了這些實踐法則的建構性功能，而且對各卦的卦義而言，這一建構性的功能毋寧是更重要的，此即是說這些實踐法則並不能僅僅被視為某種「末節」而已。如其論卦爻之時與變，所謂「用無常道，事無軌度，動靜屈伸，唯變所適」，「遠近終始，各存其會，辟險尚遠，趣時貴近」〔註17〕，這即是說要順這卦爻所顯示的時變，它必須依憑不同的實踐法則，這些實踐法則亦是某種可以為「本」的「道」，而不只是一些在「無」的工夫之下所隨意選用的實踐方法而已，然後始能以此「天下之至變」之道而「範圍天地之化而不過，曲成萬物而不遺，通乎晝夜之道而無體，一陰一陽而無窮」〔註18〕。因此欲建構時位的概念，即不獨是不能拘泥於任何一個實踐法則，而必須更正視這些實踐法則的建構性功能，若不如此理解的話，則我們便將無法理解王弼何以要從中正來建立〈訟〉卦的卦體，要從信來建立〈豫〉卦的卦體等等之故了〔註19〕。我們從王弼的聖人有情義乃至所謂的「不德其德，無執無用」等說法裡，當然無法否認王弼的確喜歡從工夫上說作用的保存，但這並不表示王弼只是企圖以此一義消融掉「德」的建構性功能。然而若依牟先生的詮解方式，只將「無」與一些實踐法則描繪為某種工夫上的本末關係，則顯然會導致此一消融的後果，這對理解王弼是否有利呢？在筆者看來，哲學意義上王弼所謂的會通儒道，在儒家這一面，王弼當然並沒有宋明儒式之智慧，能將實踐法則提到心性論的層次來說，但恐怕若想將王弼之思想只消融作「作用性的一層論」，卻未必是有利的作法，因為如此一來，則卦體到底要算是本還是末呢？而牟先生這一系的看法，實皆不免於此一困難。換言之，包括牟先生、戴璉璋先生、莊耀郎等人〔註20〕，似乎都不能正視於王弼對一些儒家式實踐法則所賦予的建構性功能，這也使得他們在理解《周易注》時，也同時狹窄化了王弼的思想，這一狹窄不獨限制了王弼思想的可能詮釋途徑，也導致了思想史上漢魏學術之斷裂。因此筆者以為，我們實有必要另覓一條進路來重新處理這些問題。

〔註17〕引文皆見《周易略例‧明卦適變通爻》。
〔註18〕引文見《周易略例‧明爻通變》。
〔註19〕案訟卦之卦體在二五兩中爻，〈訟‧九五〉弼注云：「用其中正，以斷枉直，中則不過，正則不邪，剛無所溺，公無所偏」。豫卦的卦體在獨爻，〈豫‧九四〉弼注云：「夫不信於物，物亦疑焉，故勿疑則朋合疾也」。
〔註20〕莊耀郎說參氏著《王弼玄學》。

二

在筆者的想法裡，我以為之所以會形成如上所述的詮解途徑，實皆導源於王弼一個重要概念——得意忘象——所形成的煙幕，何以言之呢？

大凡略識玄學者，自然都曉得「得意忘象」這概念的歷史淵源和重要性，但問題是我們究竟該如何理解此一概念呢？從湯用形開始，即已將得意忘象之旨視為玄學最基本的方法論，這判斷當然是很精確的，而且它幾乎已成了一種共識。可是湯氏是怎麼理解此一方法論的呢？他有兩段話謂：

> 玄貴虛無，虛者無象，無者無名。超言絕象，道之體也。因此本體論所謂體用之辨亦即方法上所稱言意之別，二義在言談運用雖有殊，但其所據原則實為同貫。〔註21〕

> 立言設教雖有訓人之用，而天道性命本越言象，故無言自為聖人之所體。夫如是則聖人所言，雖與玄學之旨殊，而於聖人所無言處探求之，則虛無固仍為聖人之真性，與老莊之書所述者無異也。魏晉人士既持此說，於是乃一方解答儒書與老莊何以面目全殊，一方則以老莊為本，儒教為末。〔註22〕

依此說，則得意忘象之為玄學的方法論，其實包含著兩面意思，一是作為「體用之辨」的方法，也就是依此以明「無」之為體，以及由此體而來之「至健的秩序」。其次則是作為「會通儒道」之方法，這顯然是將得意忘象和「聖人體無」之義管歸一路。但若嚴格依湯氏整套系統推論而下，則他所意指的這一方法論，終歸只能是一個「神秘」的東西，因為依湯氏所規範的本體論之「無」，必須是一認知型態的形而上的存有，而若忘象居然是通達此一存有之方法，則吾人將不知何以理解此一存有之內容，乃至其所涵蘊的至健之秩序，蓋忘象實不能是一認知之法則也。其次，湯氏所謂的聖人體無，乃是所謂聖人無言，以此無言而證「虛無為聖人之真性」。今姑不論何以由無言可推論至虛無為聖人之真性，依湯氏意，他可能只是意指聖人須以無言的方式直接把握那本體論之「無」，如是忘象即是無言，而無言何以便能認知無之本體，則非神秘而何？當然，用比較同情的方式來看，筆者以為，湯用形很可能正是依於一種禪宗式之「頓悟」觀，由所謂的頓悟見性，而將領悟理解為一種認知佛性的法則，並依此來想得意忘象，復進而將無理解成了類似佛

〔註21〕《論稿》，〈言意之辨〉，頁28～29。
〔註22〕前引文，頁33。

性的概念,遂有種種本體論式的論說也。這點證諸他對謝靈運〈辨宗論〉的理解,當是很可能的〔註23〕。晉人擅長依格義以理解佛教,今湯氏倒回來復依佛教以理解王弼,這倒是天道好還了。但不管怎麼說,把得意忘象理解為某種神秘性的對形而上之本體的認知法則,這是否恰當呢?

就得意忘象之為玄學之一方法論言,牟先生這一系原則上是贊成湯用彤的,只是他不再依一種認知的形式來理解忘象而已。牟先生曾詳辨「內容真理」與「外延真理」之不同,而以為通過忘象所盡者乃是一內容真理,他說:

> 王弼之「立象以盡意,得意而忘象」即函「盡而不盡」,亦函荀粲之「象外之意,繫表之言之蘊而不出」。此皆屬於「言不盡意」系。此則盡為啟發暗示之盡,非名實相應之盡,而其所盡者皆內容真理,其能盡之之名言亦內容名言,或曰啟發名言。於啟發而有得之後,固皆可忘,然非無用。非謂言不盡意,言即無用也。名實相應之言,雖能盡其所指之實或理,……然方圓上下之名言亦只是指實之符號,並無本質之意義,是則仍是工具筌蹄也。既仍是工具筌蹄,便於指實而得實之後,即可忘。其不可忘者,文化上之傳達作用耳。惟指實語言之為工具與啟發語言之為工具,其意不同。其為可忘與啟發語言之為可忘,意亦不同。前者之為工具,是一一對應的,後者之為工具非是一一對應的,甚至並無一定之對象可應。因此前者之可忘,乃在呈現客觀之定實,而後者之可忘,乃在袪執以達圓,遮形以通微,撥封域畛界以會通而為一。故可由形名而至超形名。而指實語言之可忘並不能開闢一超形名之領域,反而只是呈現形名之領域。故欲極成言不盡意,非先辨明內容真理與啟發語言不可。而王弼之忘言忘象,其所忘者非一一對應之指實語言,乃啟發指點之象徵語言也。其所盡者亦非外延真理,而乃內容真理也。〔註24〕

這也就是說通過忘象以得之意,乃是一內容之真理,這內容之真理唯有依一

〔註23〕《論稿》〈謝靈運辨宗論書後〉云:「學者由於不足,不自足乃有所謂學。然王弼曰物皆得一以成,則群有均不離道,郭象曰物皆適性為逍遙,則萬本不為外求。然則眾生本皆自足,人皆可聖,亦不需學。」是湯氏以為得無即是不學,不學又即是所謂「頓」,其意甚明。引文見頁119。

〔註24〕《玄理》,頁253~254。

種「聖證」工夫的方式來把握始得，此即是說忘象之所謂忘，乃轉為一種「袪執」之聖證工夫，所以戴璉璋先生乃以莊子的「坐忘」解忘象之忘〔註25〕。於是牟先生一系乃可以由這種工夫論的進路，依作用的保存這一方式來把握王弼的整個思想體系。其實我們若仔細比較一下，則牟先生對忘象的理解方式，恐怕也依然還是把它連繫到類似頓悟的概念之上，此所以他會說這是一種「共法」之故〔註26〕。當然，道家式的實踐法則，確和般若智有某種共法義上的相通處，這是一回事，可是王弼的得意忘象真是此義嗎？看來這問題恐怕還有待我們再回到原典中去，作一番仔細的疏解了。

　　依照上述所勾勒的問題，筆者以為王弼在《周易略例・明象》中所說之義，最具有關鍵性。〈明象〉謂：

> 夫象者，出意者也。言者，明象者也。盡意莫若象，盡象莫若言。言生於象，故可尋言以觀象；象生於意，故可尋象以觀意。意以象盡，象以言著。故言者所以明象，得象而忘言；象者所以存意，得意而忘象。猶蹄者所以在兔，得兔而忘蹄；筌者所以在魚，得魚而忘筌也。然則言者，象之蹄也；象者，意之筌也。是故，存言者，非得者也；存象者，非得意者也。象生於意而存象焉，則所存者乃非其象也；言生於象而存言焉，則所存者乃非其言也。然則，忘象者，乃得意者也；忘言者，乃得象者也。得意在忘象，得象在忘言。故立象以盡意，而象可忘也；重畫以盡情，而畫可忘也。

依這段文意看來，它的意思倒也不複雜，王弼之意只是在表示卦爻辭及其卦爻象與卦爻真正意旨間的關係，依他的說法，象與辭只是明意的某種方便的工具而已，既是工具，則達到其功效以後，自然就可以作廢了。若依此意，則所謂「得意而忘象」、「得象而忘言」之忘，實只是掃除、不理會之意，這個忘字的意思是直接的、沒有任何曲折的，或者說它只是我們平常所說的忘記之意的引申，這意思當然極好懂。然而這其中卻有曲折，此即「忘象者乃得意者也」是。何以說這其中有曲折呢？其實我們只要留意一下，便會發現這段話中前後的「忘象」不能是同一個意思，因為僅作為撥除「象」這一工具以明

〔註25〕〈玄思〉云：「王弼所謂忘，應該是本於莊子坐忘的說法」，見該文，頁222。
〔註26〕《玄理》三版自序云：「實則此種工夫上的無乃是任何大教、聖者的生命所不可免者，依此而言，此亦可說是共法」。

意的「忘象」，這個忘字的意思純是消極的，因此它並不能作為「得意」方式的某種積極性的表述，然而當王弼在說「忘象者乃得意者也」時，他卻實際上意許著某種積極性的表述，於是所謂的忘象乃出現了明顯的歧義〔註27〕。所以說當王弼轉從正面而說忘象是得意的積極方式時，他其實已不自覺地有了跳躍，這個跳躍後的忘象實有必要另說另講。然則這個忘象到底該怎麼說呢？

其實仔細考量一下，湯牟二先生雖皆未注意到上述那段話中忘象二字的歧義，但他們的詮釋實已表現出了此一歧義現象，如我們前文所已述及的，無論是如湯先生的將之理解為一種認知性的領悟義，或是如牟先生的將之理解為實踐上袪執的頓悟義，都已經不只是從消極地撥除言象上說了。然而恐怕也正是因為他們沒有注意到這其中可能存在的歧義，遂使他們不自覺地顛倒了忘象和得意之間的關係。何以言之呢？因為如果我們注意到王弼前述的文字，便會很容易發現到他所說忘象，是作為得意的一種方式或手段，而所謂的意，則顯然是指每一卦的「卦意」，這所謂的卦意，當然應是指每一卦的時位，以及相應於此一時位概念的智慧而言，而王弼從未只以一個「無」字來概括這一切，這我們只要從〈明爻通變〉、〈明卦適變通爻〉等文字中便可以明白地看出來。此即是說並沒有證據顯示王弼只企圖把整個易義都收歸到無這個概念上──無論這個無是所謂的形上本體，抑或是工夫上的袪執──並以之為一切易義之本，但湯牟二先生則似乎太快地即把意和象這組概念，和本與末、無與有這組概念等同起來，以為得意就是得本、得無，得無即根源於忘象，於是忘象和由忘象所指點到的無，反而似乎成了王弼易學的領導性概念，而由卦體所指點到的卦意，倒是似乎成了「末節」之「有」，這又豈真能得王弼之實呢？

就一般的理解來看，把「意、象」和「本、末」「有、無」等同起來，似乎是很順理成章的，但嚴格說來，這其中恐怕不免有跳躍。如果依〈明象〉的文字來看，說意是本，象是末，當然未嘗不可，但這本末只不過是第一層上屬於表述策略的問題，或者說只不過是修辭上說的喻本與喻依的問題，這也

─────────────

〔註27〕在王葆玹的《正始玄學》中，他其實也注意到了這個歧義性的問題，他以為「得意而忘象」和「得意在忘象」是兩組不能混同看待的命題。但可惜的是他也說不出在得意之先的「忘象之狀態」，到底是什麼意思。其說參該書，頁357～361。

就是說此處意之為本，並不能理解為本體之意。但湯牟二先生顯然直接就從表述策略的問題跨入了本體的問題，於是意象之本末遂轉成了體用本末之本末，這豈不正是本末義的跳躍嗎？如上所述，王弼在意象關係中所指的意，乃是指「卦意」而言，這卦意原則上乃是由「卦體」來表示，《周易略例‧明象》云：

> 夫象者，何也？統論一卦之體，明其所由之主者也。夫眾不能治眾，治眾者，至寡者也。夫動不能制動，制天下之動者，貞夫一者也。故眾之所以得咸存者，主必致一也。動之所以得咸運者，原必无二也。物无妄然，必由其理。統之有宗，會之有元，故繁而不亂，眾而不惑。〔註28〕

這卦體無論是由中爻來表示，或是由獨爻、上下卦來表示，它都表示是主斷一卦之宗主，它是一，當然要說它是本也無妨。像「一」亮伙疑問的，當然就是一卦之命意所在，雖然說我們並不能說這「一」就全等於所謂意象之意，但它會是卦意之主眼所在，應是不爭的事實，然則這「一」的內容意義是什麼呢？依《周易略例‧明爻通變》的說法，所謂「夫情偽之動，非數之所求也，故合散屈伸，與體相乖。形躁好靜，質柔愛剛，體與情反，質與願違」，則這「體」、「一」實與人間種種情偽之變相對，此即是說它是指駕御種種人事變化之智慧、理、或說是實踐法則，如此說的體或本，顯然並不能理解為「本體」之義，而就算要在此說本末，則這本末也是針對理與情言，而不是針對意與象言，這當是很明確的。根據如上的理解，則所謂的「得意」，實應是指如何通過易卦獲得處理人事變化的實踐法則而言，這一法則既不會是什麼形而上的存有概念，也不會只是某種袪執的工夫，而正必須在這一前提下，我們才能得到理解「忘象」的基礎。

在上文中，筆者曾提到，王弼使用忘象一辭所含的歧義，現在，如果我們根據上述的前提，則忘象之作為得意之方法的一種積極表述，我們應如何理解它呢？此即是說我們應如何在「獲得處理人事變化的實踐法則」和「忘象」間勾聯上關係呢？這時的忘象當然不能再是什麼形上的認知法則，它也似乎不能是某種單純的聖證工夫而已，因為單只是一種袪執的工夫，並不能幫我們駕御所有的人事變化，這是很顯明的道理。然則何謂忘象？在此筆者傾向於採取如下的理解方式：我們其實可以將忘象當成某種主觀上的「冷

〔註28〕樓宇烈校釋：《王弼集校釋》（台北：華正書局，2006年），頁591。

智」、「乾慧」〔註29〕，因為我們之所以經常無法駕御好種種的人事變化，便是由於我們無法以一種超然物外的態度來處事之故，於是常由於身在此山中，遂致看不清形勢，而無法選擇最恰切的應對法則。而就現實的經驗來看，愈是虛靜而不受干擾的心靈，愈容易悠遊於紛煩的人事變化中，掌握處事的智慧。筆者以為，王弼所說的忘象以得意，正是意指著這種虛靜悠遊的冷智，依此意，筆者並不否認，如此說的忘象，必須預設著某種袪執的工夫，而這種由「忘」而引申出的袪執工夫，也無疑是由道家得來的靈感，但這一義的袪執和牟先生所說的袪執，實有本質上的不同，因為冷智式的袪執純只是形式義的，它和由聖證工夫上所說的蘊含著價值義的袪執，實為不同層次的概念。我們也許也可以如此說，冷智只是一種價值中立的實踐態度，由這一態度作為指導，我們始能在具體的人事應對上選擇最恰當的實踐法則，這樣一來，我們才不至於顛倒了得意和忘象之間的關係。筆者以為這樣的詮釋，應該是比較符合王弼之思路的。

根據如上的說明，我們也將更能夠解決前述王弼「會通儒道」的問題。因為如果忘象只表示一種冷智式的實踐態度的話，則他便可以根據此一態度以及具體的人事情境，選擇最恰當的實踐法則，而不必去區分此一實踐法則究竟是儒家的還是道家的，甚至任何這類的區分都變成是多餘的了。這也就是說對王弼而言，也許他根本就不曾將儒道等等視為不同的價值系統，而只是認知到它們蘊含著不同的實踐法則，這些法則只要能相對於恰當的情境，它們都會是有效的而已。進一步說，這裡恐怕也根本就沒以道為本，以儒為末的問題，就實踐法則言，儒道是完全平列的，也都同時是建構性的，並依這些建構性的法則而共同組成易卦時位背後相應的智慧，而這些智慧也都共同發自於一種冷智式的實踐態度。這樣我們就將更能同情地理解王弼在《周易注》中，既隨處引用儒家式的智慧，又隨處也參和著道家的智慧之緣故了。這種說法自然不是簡單的雜揉說所能涵括的，因為王弼並不是隨意地雜揉攙和，而是在一種冷智式的實踐態度指導下的引用，這是必須明確區分的。當

〔註29〕此處冷智、乾慧的說法，乃是借自佛家。佛教言三乘所共十地之第一地曰「乾慧地」，之所以稱為乾慧，實以其智慧乾燥而未淳熟之故。大乘義章云：「雖有智慧，未得定水，故云乾慧。又此事觀，未得理水，亦名乾慧」。此從小乘義說，若從大乘義說，則乾慧、冷智實指缺乏悲願潤澤之智慧也。一般世俗間足以洞燭機先之冷靜與聰明皆屬之，而由仁心悲願所發之智慧則不與焉。

然依未明儒理解易經的方式來看，王弼這種冷智式的理解，恐怕只能是一種偏格，因為其中看不到仁心覺情的潤澤，但無論如何，王弼終歸是個聰明人，他成功地依著這種冷智式的理解，而將易學再度地導回到指導人事的智慧學之上，從而揚棄了漢儒以易占測天命的傳統〔註30〕，這總是一項了不起的貢獻。只是如果筆者上述的說法正確的話，則它很可能將會動搖到玄學中一個根本的判斷，我們將會懷疑王弼到底有沒有「援老入易」這回事？或者更精確地說，他到底在那個層次上援老入易？這個層次是否如我們平常所想像的，是作為王弼易學的一個基本原則？這個問題事實上也就將會涉及到王弼的老子思想。因為一如前述，筆者以為，王弼固然有援老入易，但這只是在實踐法則上，王弼認為相應於某些情境，它確有可參考處，而這並不意味王弼是將援老入易當成一個基本原則來看，以此而言，則王弼思想中老子所佔的成分究竟是如何，顯然就成了一個大問題。於是我們在解決了儒道會通這個問題之後，乃又必須轉進到另一個大問題之中。

三

　　為了描述這個衍生出來的問題，筆者想先回到前面所提過的一個概念。我們曾注意到湯牟二先生皆直接地將意象和本末、有無等同起來，這一等同無疑是受到了兩重暗示，此即是「援老入易」和「崇本息末」。一般而言，今天研究魏晉玄學者，大體上都不會質疑王弼援老入易這個原則，而有無也是一般公認的老子最重要的概念，尤其在《老子指略》中，王弼也明白地將有無和本末作了聯繫，而本末這一概念正是最方便跨接到意象關係上去的概念，這也就直接促成了前述的等同。但是筆者現在想追問一個他們都不曾追問的問題，亦即王弼何以要拿「本末」這個概念去和「有無」作成聯繫呢？這聯繫豈真是想當然耳的嗎？如果我們並不預設援老入易這個前提，則這問題有沒有別的理解可能呢？

　　在一般的想法裡，無論是依實有型態的形上學，抑是依境界型態的形上

〔註30〕漢易自孟喜、焦延壽等之卦氣、互體說起，乃至京房飛伏、納甲等之踵事增華，無非是在解釋災異，推測天命，這也成了漢易的主流。當然此一主流看法，在漢朝時也並不是不曾遭到挑戰，如揚雄《法言·五百》云：「史以天占人，聖人以人占天」，即在區別兩種說易的態度，而揚雄的《太玄》顯然有「以人占天」的意圖，只是他畢竟無法如王弼般提出如此明確的原則，以真正脫離漢易的主流方向。

學，無與有都代表本體（無論他們對本體的理解有多少不同）以及承此體以起用的體用關係，由這一關係我們也能很自然地將體用這一字眼，換成本末這組概念，這就彷彿老子中原已具足了此一說法一般。然而試想老子何時曾談到這個概念呢？在老子中最接近的一段話，便是第五十二章所謂「天下有始，以為天下母，既得其母，以知其子，既知其子，復守其母」這一母子的說法，而王弼便是以本末來解母子，這一解釋看來似乎很順暢，但老子的母子之說真能以前述的本末體用之義來說嗎？當然，這一問題實可以有一些不同的解讀，人可以為老子固然不曾直接提到本末這個概念，但原已蘊含了此義，或至少邏輯上和此義是相容的。人也可以為這是王弼的創造性詮釋。筆者以為這些想法都是言之成理的，而且如果我們只將王弼的老子學孤離起來看，則這些想法也的確具有說服力，但是一如前述，若我們要堅持這些想法，則勢將在王弼的老子學和易學間畫下一道鴻溝，這對於王弼的詮釋而言，是不是妥當呢？也因此，我們是不是該對以老解易之類的前提，抱持著一些批判性的警覺呢？現在筆者所想的是，我們能不能根本顛倒向來的認知，先不要以為王弼真受了老子那麼大的影響呢？也許我們先自我解放一下，就會看到一個全新的王弼亦未可知。

邏輯地說，如果王弼的思想真有內在的一貫性，則我們就必須將他的易學和老子學視為一個整體。王弼易學的系統大抵可以「得意忘象」這一概念作為形式上的概括性概念，而其老子學的系統，依一般的理解，即可用「貴無」來概括，而作為這兩個系統間相互串連的概念，則是所謂的「本末」。我們前已辨明，依傳統的說法，並無法合邏輯地連貫這兩個系統，那麼這問題可有新的出路嗎？在此，筆者擬提出一個假設性的說法，以為王弼的詮釋進一解。

筆者的辦法是對傳統的說法來個反向操作，也就是說我們不一定要再先預設「以無為本，以有為末」，而是如我們前文所說，以駕御人事變化之智慧為本，以種種人事情偽之動為末，然後依此一規定再進而來解釋王弼的老子學。這樣的辦法當然會相當程度地顛覆掉一般習成的理解，因此之故，筆者顯然有必要提供更充分的論證。

關於這一論證，我想首先必須注意到的是王弼對「無、有」這組概念的理解究竟如何。毫無疑問的，王弼對於「無」的表述，在形式上他明白地採用了宇宙論的模式，所謂「天下之物，皆以有為生，有之所始，以無為本」

（四十章注），這樣的表述模式，大抵是如牟先生所說把「有」往下拉，以和物成為同質同層的概念，而「無」則是某種超越性的表述〔註31〕。現在的問題是王弼所謂的「無」，它所指表的內容究竟是什麼？前文中，我們已曾辨明，「無」並不適合如湯用彤先生般，理解為某種實有型態的存有。至於牟先生之將「無」理解為某種境界型態的存有，而其真實的意思則有賴於心性論層次上的工夫上的祛執以證成，這種介乎康德和海德格之間的理解方式〔註32〕，也許頗適合用來理解老子，但是不是也適合用來理解王弼呢？關於這個問題，其關鍵點恐怕是在王弼形式的宇宙論表述背後，是不是還有一套實質的宇宙論。

就王弼的所有說法來看，「無」這個概念只是和「微、妙、深、玄」之類的概念一樣，是一個描述性的「稱謂」，而王弼也經常以「無形」「無名」稱之，如所謂「未形無名之時，則為萬物之始」（一章注），「無形無名者，萬物之宗也」（十四章注、老子指略），「以無形始物，不繫成物，萬物以始以成，而不知其所以然」（二十一章注），「混成無形，不可得而定，故曰不知其名」（二十五章注），這無形、無名當然即是對「無」這一稱謂的進一步描述，有時它也用「自然」一詞，來表示同樣的意思，如云「萬物以自然為性」（二十九章注），這「自然」明顯也是對無的另一種描述，所謂「無稱之言，窮極之辭」（二十五章注）是也。由這些描述詞所直接烘托的「無」，它形式上指表著一個宇宙論上萬物發生之源，如云「萬物萬形，其歸一也。何由致一，由於無也。由無乃一，一可謂無」（四十二章注）即是。但這段話亦甚值得注意，所謂「由無致一」，因為「無」只是一個稱謂字，所以我們實不能將無理解為任何形式的實體，因此我們不能說由「無」而生「一」，然王弼又曰「由無乃一，一可謂無」，於是我們只能由「一」上說一套宇宙論，而「無」實只是「一」之表現形式而已。此義亦可由三十九章注所謂「一，數之始而物之極也。各

〔註31〕依牟先生的說法，由於王弼在老子第一章的斷句，乃點斷在無名、有名，無欲、有欲上，因此「有」這一概念乃降下來，與物為同質同層，而無名和有名則表示了「道」、「無」的雙重性。詳見《玄理》第五章，頁130～137。

〔註32〕牟先生對道家哲學的理解模式，當然主要仍是康德式的，如他一定要為道家建立「道心」這個主體性的概念等等，即可顯見，而這一思路和海德格的距離，也是很顯然的。但牟先生也一再說道家在存有一面的說法是消極的，它至多只是某種意義性的表現而已，即依這點，他多少也離開了康德而進入了海德格的理解方式中。

是一物之生所以為主也。物皆各得此一以成」〔註33〕而見。現在的問題是王弼這個「一」到底該怎麼說？

關於這個「一」，如果我們仍依湯用彤先生的說法，當然仍是不妥的，這是因為除了前文所曾提及的問題之外，由認知型態所規範的存有概念實不能有「表現」之故。而牟先生則一再強調，「一」或「道」之為萬物發生之源，這說法實是消極說的，它只是徒存宇宙論之形的「觀照之宇宙論」，而其真實的意義，仍繫乎連繫到心性論意義上的「無」之實踐工夫，這一意思我們亦曾屢次提及。但問題是這和王弼的語脈似乎並不很相合，「一」也似乎並非只指表著某種「意義性」而已。在第四章「象帝之先」注中，王弼謂「天地莫能及之，不亦似帝之先乎」，則道的意思實應近乎天帝〔註34〕，否則如何能說「為品物之宗主，苞通天地，靡使不經」（老子指略）呢？尤其一般說，我們多以為王弼是反對漢儒氣化宇宙論的，但究其實，這判斷似乎也沒有堅強的證據，王弼少談氣化的問題，這自然是事實，可是當他解「專氣致柔」時所謂「任自然之氣」的說法，似也很難不讓人聯想到氣化問題上去。然則假如我們就順氣化宇宙論的架構來理解這個「一」，會不會更合適呢？此即是說我們固然沒有更多、更積極的證據，以支持說王弼仍是一位氣化宇宙論者，但未始不能依此一方式來想他，至於那一種說法來得更合適，恐怕也只能決定於整個詮釋系統的密合度了。

依漢儒氣化宇宙論的說法，基本上它總預設著一個「神祕意志」，而且這個神祕意志始終在支配著人間世的種種，或者也可以這麼說，亦即這個神祕意志總是通過氣化的行程，在默默地監舌著人事，它通常並不表現其形跡，但在漢儒中有兩派看法，主流的學者通常以為這個神祕意志有時會通過「災異」的方式，向人世傳達某些訊，不過另一派的看法，則以為神祕意志的訊息恆是不可測的。〔註35〕然而無論是那一派的看法，他們都不曾挑戰神祕意

〔註33〕案此段引文中「各是一物之生所以為主也」，文義不通，樓宇烈《老子周易王弼注校釋》引波多野太郎謂「各是」二字為衍文，見該書，頁107。

〔註34〕《老子》三十五章「執大象，天下往」王弼注云：「大象，天象之母也。不炎不寒，不溫不涼，故能包統萬物，無所犯傷」，樓宇烈：《王弼集校釋》，頁87～88。大象而為天象之母，這種語句似乎很難是消極的宇宙論表述，我們若將包統萬物的大象理解為一種工夫性的表述，這句意也委實迂曲了些吧！就詮釋的觀點言，我們是不是該先嘗試比較直接的解釋呢？然則王弼所謂大象之意若以「帝」的意思來理解，是不是來得更直接順適？

〔註35〕就思想內容言，這兩派大抵以董仲舒和揚雄為代表，而這兩派在東漢時，即

志和人事間具有關聯性這一說法，而且他們都共同認為神祕意志對人間世具有絕對的支配性〔註36〕。在筆者看來，我們如果將漢儒這一基本看法代入王弼的思想之中，可能更容易解決前述的一些糾纏不清的問題，何以言之呢？這主要是由於如下幾點：

第一：依這種代入方式，則「一」當即是神祕意志的形式性說法，而「無」則是對這個神祕意志表現形式的描述，所謂的「道生之」，即是此神祕意志之生萬物，生的主要意思是通過支配來規定，但由於它是通過氣化的行程而顯，故純就氣化而言，它也無礙於王弼說「自生」〔註37〕。這樣我們便能解決第一個——也就是宇宙論表述的問題，也就是說我們不一定要如牟先生一般，

形成為今古文學派的對立。關於這兩派的討論，請詳見拙作《從災異到玄學》第二、三兩章。

〔註36〕在災異論者看來，神祕意志當然是人事的主要支配力量，而另一派人雖反對以災異來聯繫天人，如王充《論衡‧初稟》所謂「自然無為，天之道也」，以及他對天地異變的解釋，即以天道並不一定以有形的災異來顯示其支配性，但他們並不反對天與人存在著必然的支配關係，如《論衡‧辯祟》「天與人同道，欲知天，以人事」，以及他對「性成命定」的表述，都表示著這個意思。關於這點，筆者在上引拙作中，以為揚雄、王充這派俱反對天之人格性，恐有推論過當之嫌。

〔註37〕王弼的自生說，如云：「不塞其原，則物自生」（十章注），樓宇烈：《王弼集校釋》，頁24。「任其自然，而物自生」（坤卦六二爻注）。樓宇烈：《王弼集校釋》，頁227。但戴璉璋先生〈郭象的自生說與玄冥論〉一文，有一個說法，他認為如王充即是從氣化的角度說自生，可是如此的話，「雖也可以解釋為自然而生，但他所謂自然是從氣化的無目的性與偶然性來了解的。因此他的自生義如果從本體論宇宙論方面來考察，由於他是以氣作為生化之本，與老子所謂『天下萬物生於有，有生於無』即萬物以無為本的說法不相吻合，另外從工夫論方面考察，王氏雖也從自然、自生說無為，但他的氣化論又可衍生命定的觀定，這就限制了工夫論的發展。因此王氏不能像老、莊那樣由無為而進一步強調致虛守靜或心齋坐忘的工夫。王氏所謂的自生，只能說是由於氣化的作用偶然而生，這是氣化宇宙論中的一個觀念，它的內涵顯然與老、莊的自生義是有差距的。」因此，戴先生以為如此的說法和王弼就自然而生所說的自生義是不同的，從而可以證明王弼乃老莊之嫡系。然而嚴格說，戴先生此說的邏輯是有一些問題的，因為照戴先生的說法，則由老莊乃至王充，他們對自生之概念的理解本身，其實並沒有什麼不同，它們的不同只是由於那背後的一套形上學背景有不同。可是戴先生並不曾證明王弼背後的形上學背景真不同於漢儒，而只是說王弼「自己心目中的自生都是莊子那種自然而生的意思」，但他是否真有充足的理由說這句話呢？若他並不能真的作出此一論證，而只是要從此一自生說便證明王弼是老莊的嫡系，則自生說豈非就成了論證上的丐詞了嗎？這當然是不具有解釋效力的。戴先生的說法請參閱《中國文哲研究集刊》第七期，頁45～49。

非將王弼明顯的宇宙論式的語句消解掉不可,而保留王弼實質的宇宙論命題,並不一定就會影響到他對道家式實踐法則的理解。

第二:在氣化宇宙論中,由於神祕意志始終支配著人間世,因此人間的一切智慧作為,也均可視為是由此一神祕意志所派生者,這也就使得王弼有理由說「一」和「無」是本、是始、是母,而這個神祕意志當然也會內在於易卦之中,同時它無疑即是「卦體」之所本,這也符合王弼之以卦體為一、為本、為元的說法。依此我們乃能解決第二個問題,亦即以更緊密的方式連繫起王弼的老學和易學,而所謂的崇本,即是一種所以進入神祕意志,並藉以掌握由神祕意志而發的人間智慧的實踐態度,它通過一種名之為「無為」的實踐——當然此處所謂的「無為」首先應是指某種冷智式的實踐態度——也能和忘象以得意連在一起,既成為解老的原則,也成為明易的基礎。

第三:在漢儒的想法中,神祕意志和人間智慧間的關係,乃是一種「道」與「術」的關係,這種道德關係本質上是信仰式的〔註38〕,而不是論證式的,因此在詮釋的立場上,我們也沒有必要強為它們提出論證式的說明。不過我們倒是有不少證據,可以看出來在王弼的《老子注》中,他的確是將「一」、「道」、「無」和許多道家式的實踐智慧,形成為一種「道術」的關係,例如:「道以無形無為成濟萬物,故從事於道者以無為為君,不言為教」(二十三章注)〔註39〕,「道,無形不繫,常不可名。以無名為常,故曰『道常無名』也。樸之為物,以無為心也,亦無名。故將得道,莫若守樸。……抱樸無為,不以物累其真,不以欲害其神,則物自賓而道自得也。」(三十二章注)〔註40〕,這明顯是以道之無形無名和實踐上的抱樸無為,形成為一種模擬式的對舉關係,所謂「天地雖廣,以無為心,聖王雖大,以虛為主」是也。這種在宇宙論和實踐法則間所形成的對舉關係,和漢儒說天人合一的道術關係之表述模式,是完全若合符節的。於是當他在說「聖人之於天下歙歙焉,心無所主也,為天下渾心焉,意無所適莫也」(四十九章注)這種實踐態度時,它乃是模擬於道的,此即是所謂「上德之人,唯道是用」,「何以盡德,以無為用」也〔註41〕。而也唯有依這種理解方式,我們乃能恰當地連繫上本文前二節所處

〔註38〕關於道術關係的詳細討論,請參閱拙作《從災異到玄學》第一章第一節。
〔註39〕樓宇烈校釋:《王弼集校釋》,頁58。
〔註40〕樓宇烈校釋:《王弼集校釋》,頁81。
〔註41〕關於這個「唯道是用」「以無為用」之「用」,由於王弼也常說「以無為本」,

理的問題，這也就是說所謂王弼的會通儒道，唯有在儒道的實踐法則皆被視
為是某種「術」時，它才能夠邏輯地和王弼的整個系統結合起來，而不至
於發生困難。在這裡，筆者尚可以提供另一個更明確的證據，如《老子指
略》云：

> 《老子》之文……故其大歸也，論太始之原以明自然之性，演幽冥
> 之極以定惑罔之迷。因而不為，損而不施；崇本以息末，守母以
> 存子；賤夫巧術，為在未有；無責於人，必求諸己；此其大要也。
> 〔註42〕

此下，王弼即歷述儒、墨、名、法、雜各家之術，最後則云「夫途雖殊，必同
其歸，慮雖百，必均其致，而舉夫歸致以明至理，故使觸類而思者，莫不欣其
思之所應，以為得其義焉」。在此段文中，最值得注意的包括兩點，其一，王
弼顯然以為分立而言的各家之術，皆只是一些「巧術」而已。其二，王弼當然
是反對只「執意」於這些巧術的，他主張崇本息末，為在未有，但這個意思是
不是說那些儒墨等的巧術皆只是末，皆必須根據「為在未有」這一為「本」的
工夫來實踐呢？若依牟先生的理解，當是如此。但若是如此理解，則恐怕便
很難說「途雖殊，必同其歸」了，因為王弼所說的這些「巧術」，並不只是單
純涉及實踐主體的工夫問題（雖然他確也頗重視這一面），祂也頗看重「法之
齊同、名之定真、儒之純愛、墨之儉嗇」這客觀的一面，而我們若只從本末工
夫上來看的話，便可能只將這些巧術消滅成了主體的實踐工夫問題，這恐怕
就不是什麼殊途同歸了。我們必須注意，王弼固然說我們不要執意於任何一
種術，但這意思實也包括了這些術之間的相觀而善，而不只是說以一種無為
的方式去實踐這些術而已。以此而言，則顯然我們必須將「為在未有」提上
來一層說，就一種「冷智」式的實踐態度來理解，而若是如此的話，這種實踐
態度及諸巧術和「太始之原」、「幽冥之極」的關係，當然就只能是「道術」式
的關係了。因為若非然者，這作為太始之原的道和「為在未有」之間如何能

遂也有人將「本用」當成了一個範疇，並將它和「本末」關聯起來。如王葆
玹即謂「王弼哲學中『用』指末對本的運用，介乎本末之間」（《正始玄學》，
頁273）。說這是「末對本的運用」，當然不恰當，但這「用」是對著「本」而
說的則無疑，所謂「以無為用，不能捨無以為體」（三十八章注），樓宇烈：
《王弼集校釋》，頁94。則用顯是依體而起用，只是這種體用是否一定是形
上學中的體用關係則未必。

〔註42〕樓宇烈校釋：《王弼集校釋》，頁196。

相連繫呢？當牟先生將為在未有理解為一種聖證工夫時，他猶可根據這工夫所指向的意義性，發展出一套形而上的解釋〔註43〕，但若說為在未有只是如同「忘象」一般，是指一種智式的實踐態度的話，我們是很難再從這一義上發展出形上解釋的。因此這段話實可作為我們必須採取「道術」之解釋的堅強證據。

依此解釋，我們也將更能夠克服一些難題，諸如《老子指略》所謂「閑邪在乎存誠，不在善察」，《老子》三十八章注所謂「夫載之以大道，鎮之以無名，則物無所尚，志無所營。各任其貞事，用其誠，則仁德厚焉，行義正焉，禮敬清焉」，〔註44〕其中所謂的「誠」，當然不是道家「無」的實踐工夫，但它顯然是「本」而非「末」，像類似的問題，我們便會很容易看到筆者上述解釋進路之效度的。因為我們可以將誠理解為一種依本於「道」，而在冷智之指導下的智慧之「術」，並依此為「本」之道術，以完成閑邪之「末」，而不至於犯下必須遵守「以道為本，以儒為末」的原則，以致無法解釋上文的矛盾。這麼一來，我們顯然便必須重新評估老子在王弼學中的地位，筆者相信，歷來的王弼詮釋者對這問題都過於高估了，老子對王弼言，恐怕只是比較接近於他心目中所構想的「道術系統」而已（雖然這一道術系統和漢代主流的災異論式的道術系統差異甚大）〔註45〕，在這意思上，老子的優先性並不高過於易經，我們也不能假設王弼是一位老子的「客觀詮釋者」，而這樣的認知應是比較接近王弼之面貌的。

當然，筆者上述的解釋進路，還有一項最大的好處，那就是當我們拋棄了王弼援老入易之類的傳統解釋，而改採氣化宇宙論之解釋後，王弼思想和漢儒之間的斷裂圖象，也將不復存在，這對於思想史的解釋而言，當然是很有利的〔註46〕。如此一來，我們將會很容易發現到王弼思想和揚雄、王充等

〔註43〕關於這套形而上的解釋，牟先生是一直借助康德的說法來進行論證的，詳細論證請參考《現象與物自身》和《圓善論》等書之相關章、節。
〔註44〕樓宇烈校釋：《王弼集校釋》，頁95。
〔註45〕就這點而言，筆者以為王弼對老子的看法，多少有些接近於司馬談的〈論六家要旨〉，只是司馬談不曾談及「道」這一層面，而只論及了「術」的問題。
〔註46〕筆者曾在拙作《從災異到玄學》的緒論中提到，截至目前為止有關玄學的思想史討論，大致都將兩漢和魏晉當成兩個斷裂的時代來看，余英時先生在〈意識形態與中國現代思想史〉一文中，亦將清談時代當成傅柯（m. o foucault）所謂的一個「議論」（discourse）的段落，也就是說這是和漢代完全不相連續的段落，但其實余先生自己亦不以為這是思想史解釋上的常態。余先生此文

人的近似性〔註47〕，也就是說王弼思想乃直接承自於漢代一批反災異論的非
主流思想家，從而我們也不必再認為王弼是某種創世紀式，不必有所依傍，
甚至是可以違反思想史之基本規律的天才，這樣既不至於遮掩了歷史實況，
也不至於減損了王弼的貢獻，因此筆者有理由認為這應該是比較理想的詮釋
模式。

四

以上，筆者嘗試檢討了以湯用彤先生和牟宗三先生為主的對王弼哲學的
詮釋進路，就筆者知見所及，後來的詮釋者雖多，但事實上具有哲學深度
者，原則上皆不出這兩種進路，即使詳如王葆玹、余敦康等人之說，無論他
們在細節上有多少修正，原則上大抵也仍不出湯用彤本體宇宙論這一說法的
範疇，如王葆玹《正始玄學》謂：

> 漢人所謂宇宙中心只是單純的中心（神化的中心），玄學卻認為它是
> 某種義理或本體的外在表現。漢人的宇宙論是宇宙發生論與宇宙構
> 成論的結合，玄學則主要講宇宙構成論與本體論。〔註48〕

這立場是很明顯的。另外，牟門弟子大抵皆謹守牟先生的規模，少有逾越。
因此，上述的檢討雖限於篇幅，恐有過於簡略處，但大體是足以涵括當前王
弼哲學研究之主要業績的。而依筆者所論，湯牟二先生之論皆不足以解決王
弼治儒道之實踐法則於一爐的問題，而湯先生之依認知型態的存有論模式以
理解王弼，更是不妥。在筆者想來，之所以會有這些問題，實皆導源於對「得
意忘象」理解的不夠善巧。由於王弼在說得意忘象時，事實上存在著歧義，
而這一歧義卻正是理解王弼易學乃至他整套思想的關鍵，因此筆者比較詳細
地疏解了此一問題。根據筆者的看法，忘象作為得意的積極性表述，實應視
為是一種冷智、乾慧式的實踐態度，而不是祛執的聖證工夫，它只是作為一

請見中國時報民國七十一年八月十一至十四日的副刊。

〔註47〕其實早從湯用彤開始，便已注意到了此一關係，但湯氏只是在說「企慕玄遠」
上，兩者間有一些近似性，而「談玄者，東漢之與魏晉，固有根本之不同。……
漢代偏重天地運行之物理，魏晉貴談有無之玄致。二者雖均嘗托始於老子，
然前者常不免依物象數理之消息盈虛，言天道，合人事。後者建言大道之遠
玄無朕，而不執著於實物，凡陰陽五行以及象數之談，遂均廢置不用。」（《論
稿》〈魏晉玄學流別略論〉）也就是說兩者間本質是不同的。但依本文所說，
則兩者根本就具有本質的近似性。

〔註48〕王葆玹《正始玄學》，頁211。

種主觀上超然的態度，以便相應於任何特定的「時變」情境，來決定最恰切的實踐法則，由此，王弼乃能依本於此一態度，以將儒道這些不同的實踐法則都納入他的系統之中。〔註49〕

　　然而根據此一新的理解方式，我們馬上會面臨老子在王弼系統中的定位問題，筆者以為事實上整個魏晉玄學界都太過強調老子對王弼思想的主宰性，這也導致了王弼的易學和老學間出現了一些不統一的現象。為此，筆者乃嘗試針對王弼的整個思想系統，作了一個大膽的假說。依筆者的想法，我們根本可以假設王弼本質上仍是一個氣化宇宙論者——雖然他恐怕並不是一位災異論者，當他在作宇宙論式的表述時，事實上意許著某種神祕意志，此一神祕意志即是一、道、無，然後通過一種漢儒所盛言的「道術關係」，在無為、忘象，亦即一種冷智的態度指導下，將一切家派的實踐法則都視為是依本於道的術，從而以之為本，來駕御一切人間世的情偽之變。在這想法裡，我們排除了老子對王弼思想的絕對支配性，而只認為老子站在某種術的地位上，確是王弼最傾心的一種「道術」而已。從而我們也能更合理地聯繫起王弼和漢儒間的思想史關係，並為他作成一種更統貫的哲學詮釋。

　　當然上述的假說，仍會遭遇另一個層次的質疑，因為魏晉玄學的基調畢竟是所謂的「名士風度」，它和漢儒終是有本質的不同，而名士風度所牽涉到的，大體上是一種適性無為的聖證工夫，這也不是漢儒所謂的「道術」觀念，這也就是說牟先生的一套說法，其實確相當符應於玄學在名士身上所展現的基調，那麼，假若我們前述的說法是正確的話，則以王弼作為一位玄學的開山人物，這當中會不會有不搭調的地方呢？關於這個問題，筆者以為我們實有必要將玄學作一更精細的區分，在筆者的想法裡，其實王弼和名士風度的關係，恐怕並沒有那麼直接，真正決定魏晉玄風的關鍵人物，恐怕是阮籍、嵇康這些竹林人物，而真正完全掃落漢儒學術格局的，也可能是嵇康而非王弼〔註50〕，當然，如此說勢必涉及更多的論證，這也遠遠越出了本文的主題，

〔註49〕筆者以為，王弼此一態度其實和邵雍的思想型態頗相一致，均是一種冷汰萬物的超然精神。這不是什麼由超越性的主體所作的聖證工夫。因此，也許將這種冷智式的實踐態度比擬為康節之「以物觀物」的觀物態度，也許更為恰當，更為有本。

〔註50〕如余敦康所曾注意到的，王弼之學基本上仍是一種探究「天人關係」的學問，但從嵇康開始，整個魏晉玄學卻不復出現天人的命題，這現象當然是值得玩味的。

因此只有俟諸異日了〔註51〕。

收入《歷史的嵇康與玄學的嵇康》（台北：
文史哲出版社，1997年），頁237～268。

〔註51〕在此文的結尾，有一事擬附帶表明。自從筆者撰寫完博士論文之後，便經常
感到關於王弼的部分寫得很糟，但也不知如何修改。這幾年來，由於諸多因
緣，使我整個工作都作了極大的轉向，也因此根本不可能再對此一問題作進
一步的處理，但我內心的確常感到不安。今天此文之作，在某種意義上，其
實是對我內心這個糾纏已久的問題，作下一個了結。假如這篇所作的判斷站
得住腳的話，則我博士論文中對從災異論到玄學這一思想史的發展，所作下
的判斷，也許就能具有更高的信度，而我日後也才可能更有憑據來修改我的
博士論文了。

才性四本論新詮

世說新語文學篇劉孝標注引魏志云：

> 《魏志》曰：「（鍾）會論才性同異傳於世。」四本者，言才性同，
> 才性異，才性合，才性離也。尚書傅嘏論同，中書令李豐論異，侍
> 郎鍾會論合，屯騎校尉王廣論離。〔註1〕

此即著名之才性四本論。然後世徒知其為論才性之「言家口實」，而於其確詁
則但在疑似之間，究其故，則史料之不足徵固為主因，但缺乏明確之方法意
識以理解此一問題，恐亦難辭其咎。當然史料問題已非人力所可克服，因此
任何理解都可說存在著先天的弱點，但本文仍想試著從一些較嚴謹的角度試
作檢討，以為這個千古懸案進一解。我的理解是否有當，尚祈博雅君子有以
教我。

一、理解才性四本論的方法

在中國傳統的人性論裡，比較成型的一種分類方式，乃是所謂的義理之
性與氣質之性。儘管這一分類出現的時間很晚，但並不意味這一分類所涉及
的問題也同樣晚出。就我們一般的了解，事實上這一分類早在孟子和告子的
論辯中便已成型；而哲學地說，它也的確可以代表對人性的兩種基本理解角
度。如果說我們把義理之性和氣質之性背後的特定內容完全抽掉，而只純看
其形式的話，則很可以如是區分：即義理之性乃指述著人性的「共相」，無論
此一共相是指朱子所謂的性理，抑或是柏拉圖的人之理性、亞里斯多德的人
之本質，甚至是馬克斯所謂的唯社會經濟之存在、乃至沙特所指的不可定義

〔註1〕 楊唐：《世說新語校箋》（台北：正文書局，2000年），頁173。

之人性皆然〔註2〕。而氣質之性則指述著人性的「殊相」，它是具體的、個別的人所呈現的樣態；當然這一樣態應該是完全各自獨立的，這是因為世界上似乎不可能出現兩個一模一樣的人之故。所以嚴格地說，也只有義理之性可以進入「知識」的處理程序（我所謂的知識乃是在嚴格的知識論規範下的知識），而氣質之性則實只可被個別地描述，或是被個別地審美；或者最大了不起，它也只能通過一些不嚴格的分類歸納，而形成一些「非推論性的知識」，也就是我們一般所謂的常識。這也是為什麼在西方的人性論中幾乎完全不處理氣質之性的緣故。

　　明瞭了上述的區分之後，我們再來看：中國哲學中這條人性論的長流。如果以比較的眼光來看，則中國的人性論與西方的人性論幾乎是截然不同的。何以言之？其實我們只要把相關材料稍加歸納，便會發現中國的人性論幾乎都預設著同一個命題（孟子可能是唯一的例外），亦即所謂的「生之謂性」。告子固無論矣！即荀子說性惡，亦根據著此一命題；董仲舒、劉向、王充等人之論性亦然；甚至孔子說「性相近也，習相遠也」、「唯上智與下愚不移」時，亦同樣必須預設著生之謂性的認知。當然，生之謂性所指之性即是氣質之性，因此嚴格說來，這些對人性的看法都不能算是知識的表述，而只是站在某一特定的經驗立場所作的歸納說明。例如說性無善惡，此就生之自然之質言，固是可被允許之表述，一切善惡皆是後天習得者；然而依此所得之歸納顯然只能依止於某一特殊的經驗條件而有效，而它也完全不足以說明在同樣的後天條件裡，何以人會有善惡之分的緣由。又例如說性惡，此乃就人之欲而無節言，其實單是欲而無節也未必定然會轉成道德上的惡，它只是經驗地說人之惡常由欲而無節來；由此而說人世間需有禮法節度，固只是應有之義，但純由性惡實不足以說明世間何以能有禮法善行，因為聖人制禮亦須有依憑故。因此性惡說與原罪、無明等說，實在不是同一層次的問題。至於說性善情惡，則根本不合邏輯。蓋無論如何，性善皆不能是一個經驗歸納的概念，即使是如康德所指出的人性之三種基本的向善稟賦，亦不能因此而經驗地說性善，至多只能說是善惡混。因此，如果說性善情惡，而仍立基於生之謂性的立場，則不可通；若是將性善與情惡分隸於兩種人性論之立場，則亦

〔註 2〕孟子以本心為性的人性論應該另說另講，這個性的意思是個超越的主體，它不是任何抽象說的共相，也不可以用知識方式來理解，這是人性論中很特異的一類，以無涉本文主題，姑不論。

不可以單提情惡，此所以我說它不合邏輯之故。而性有善有惡、性善惡混等說則皆是許可的，因為經驗中之人性表現確是如此混淆，但它亦無從說明人何以成為善人，或是何以成為惡人。至於性分三品說，其實經驗地說，人之流品何止百千萬品，今以審美的立場粗分為三品亦無不可，但亦須知此一分法由於是審美的，故亦只是主觀的，並非定然地有一概念以為其判準。準此而論，這些說法當然都不是嚴格的概念，它只表示某一特定的經驗立場，而不表示任何具普遍性的人性概念，因此，在同一個生之謂性的預設下，這些說法皆無矛盾可言，它們盡皆是相容的〔註3〕。換言之，只要是統屬於氣質之性下，就根本沒有必要分出那麼多說法，今在中國哲學中徒然生起如許衝突，老實說，不過是平地起土堆，徒亂人意而已。

以上我們針對人性論中氣質之性的問題作了一個原則的說明。而就一般的理解，兩漢以迄魏晉所有人性論的相關討論，無例外地皆須統屬於氣質之性的問題之下，所有的才性論問題亦然，此可由劉劭的《人物志》得證。因此，我們雖沒有直接證據說才性四本論也須從氣質之性上來理解，但相信應不致引起懷疑才對，這是第一點。其次，從四本論的字面可以明顯地看出來，它討論的問題是才與性的關係，那麼從氣質之性的立場來看，這個問題到底有什麼意義？

一般而言，魏晉人說的才，即指一個人的才情、才幹而言，性則指的是一個人的稟性、稟賦，但這樣的區分對解決前述問題到底有沒有幫助？我們如果從氣質之性的立場上來分析，一個人的稟性實指著他在廣泛的人格意義上的特殊偏向，這是一種經驗意義下的先天特性，其中可以包含各種「知、情、意」上的特質，例如說在知的層面上，他可以是一往而執的，可以是流宕縱恣的，可以是飛揚脫跳的等等；在意的層面上，他則可以是發強剛毅的，可以是堅忍不拔的等等。當然無可否認的，這些特殊的稟性將會相當程度地決定一個人在現實中的表現，但嚴格說這個決定關係是極其複雜的，而且複雜到根本不可能有任何固定的程式可循，更何況某人稟性的表現，尚須受到後天環境的種種制約，於是一個人表現於外的才能到底曾受到那些稟性的決定？這決定是直接的抑是間接的？是正面的抑是反面的？恐怕根本就是個不

〔註 3〕這一意思牟宗三先生在《才性與玄理》（台北：台灣學生書局，2002 年）第一章，頁 9～25，以及《心體與性體》（新北市：正中書局，2006 年）綜論部第二章，頁 88～89 中俱有說明，請參閱。

可解的問題，它永遠只能試著通過每一個個別的案例去推敲，而且由於所有的條件是既不能孤離，又不能全盤掌握的，因此它往往只能訴之一種直覺的人格美品鑒，以獲取某種主觀的判斷而已。此一審美判斷有時似亦可以凝聚為某種類似規則的東西，但嚴格說這只是某些特殊審美經驗的歸納，而不代表任何具有普遍性的規則，因此它永不能轉化為決定的判斷，於是我們也永遠不可能建立起才與性間的確定關係。換言之，才與性間其實存在著各種可能，這就像統計學上從完全正相關到完全負相關皆有可能一般，它是隨著每個個別差異在變動，而不能以一格求的。因此，哲學上嚴格地說，有關才性關係的各種爭論，無論同異離合確指為何，其實都也只是些無聊的閒話，都有理也都沒理而已。因為他們絕對都可找到例證來支持自己，反駁對方，但這種是非的爭持，也只是徒然自暴其思路不清而已。

然而這問題畢竟仍是關乎時代的風會，吸引著一代才士的大課題，如果我們只是在哲學上輕輕地便判了它的罪名，說它是無聊而已，豈不也等於開了歷史的一個大玩笑？那麼假如說他們的爭論也並不真是無聊，則才性四本論究竟又該如何理解？當然這時我們顯然不再能以哲學的角度來看待這問題，而必須把它當作歷史問題來處理了。於是所謂的同異離合，便也必須由歷史的角度來索解，這便將整個詩論轉入了另一領域。

二、才性四本論的歷史淵源

如果說才性四本論只能轉就歷史的角度來理解，那麼它無可避免地便將涉及種種社經及思想條件；亦即才性論原本可能只是人性論中的一個課題，但漸漸地卻轉成了某種意識型態的表達工具。然則這其間究竟有什麼曲折呢？如果我們想瞭解這個變化的因由，便得回頭追溯一下人性論在兩漢學術中的演變。

就現存的史料來看，涉及到這個論題的人凡有董仲舒、劉向、揚雄、王充以及荀悅；而就其主張來看，董仲舒以為性善情惡，劉向以為性情相應，揚雄以為人之性善惡混，王充以為性分三品，荀悅亦言性分三品、性情相應。基本上這類主張涉及了兩個論題，一是性到底是善是惡？一是性與情的關係為何？其中第二個論題尤其值得注意。何以言之？這主要是因為性與情的關係在本質上實類同於才性關係故。就概念上說，情字並不一定只能理解為狹義的情感，如果我們從情者實也的立場上說，則情很可以指述著一個人所有

的外在表現，準此而論，情性論的說法和才性論根本就沒有什麼差別，因此我們很可以說魏晉的才性論根本就是兩漢情性論的延伸。其實我這樣說是有歷史根據的，關於這點頗值得作一個深入的考究。

以考證的觀點而言，才與性間關係的探討雖始於孟子，但在孟子的討論中使用的才字，是一個極特殊的用法，它是指良知良能而言，這和後來才性論中的用法實有著顯著的差異〔註4〕。因此若剋就一般所說的才性義而言，則才與性之連言，至早不會早於漢末，甚至在人倫鑒識初起之時，也還沒有這種用法。就一般的迹象而言，才性論似乎是伴隨著人倫鑒識之進入現實政治而起，此一迹象究竟顯示了什麼意義呢？如果以思想史角度而論，人倫鑒識在制度上固淵源於察舉，在時代緣會上也是由於太學諸生自命清流者之互相標舉，但在思想淵源上比較可能的關聯則恐怕只有求之於王充的性分三品說了，它也即由此而接上了先前的人性論傳統。關於這點，比較直接的歷史證據可以在荀悅的《申鑒》中找到。我們都曉得荀悅的叔父荀爽正是人倫鑒識初起的代表人物之一，而《申鑒》中則有兩段值得特別注意的話，荀悅謂：

> 或問人形有相，曰：蓋有之焉。夫神氣形容之相包也，自然矣！貳之於行，參之於時，相成也，亦參相敗也。其數眾矣！其變多矣，亦有上中下品云爾。（《申鑒·俗嫌》）〔註5〕

> 或曰：仁義性也，好惡情也，仁義常善而好惡或有惡，故有情惡也。曰：不然，好惡者性之取舍也，實見於外故謂之情爾，必本乎性矣！仁義者善之誠者也，何嫌其常善？好惡者善惡未有所分也，何怪其有惡？凡言神者，莫近於氣，有氣斯有形，有神斯有好惡喜怒之情矣！故神（原作人，據吳校本改）有情，由氣之有形也。氣（原作善，不可通，當改）有白黑，神有善惡；形與白黑偕，情與善惡偕；故氣黑非形之咎，神（原作情，當改）惡非情之罪也。（《申鑒·雜言》）〔註6〕

這兩段話頗值得作一些深入的解析。基本上，他把性理解為神氣形容之自然，

〔註4〕《孟子·告子上》所謂「乃若其情則可以為善矣，乃所謂善也。若夫為不善，非才之罪也。」這個才與情絕非朱子所謂心性情才之義。詳辨可參牟宗三先生《圓善論》，頁22～27。

〔註5〕荀悅：《申鑒（卷三）·俗嫌》（湖北：崇文書局，清光緒元年〔1875〕刻本），頁2a。

〔註6〕荀悅：《申鑒（卷五）·雜言》，頁3a。

這當然還是生之謂性一路的理解方式。同時，他把氣與形、神與情作了一個簡單的連繫，以此論證情有好惡是由於神有善惡，因此他認為劉向的性情相應說是比較合理的。這樣的論證方式當然沒什麼道理，因為神這個概念根本是個不清不楚的概念，它如何能有善惡？一個有善惡之神如何能與情相連繫？這些都是說不通的。但值得注意的倒不是這點，而是他對這個論題的提法。從上引的兩段話中，我們明顯地看到荀悅憑藉他對性的理解方式，把在他之前漢儒的兩個人性論命題連了起來。這一連繫就哲學意義言，也許沒什麼了不起，因為這兩個命題確只是一根而發。但在思想史的意義上卻是極具關鍵的，因為第一：這兩個命題前人從未將它作成有機的連繫。由於王充其人根本是一邊陲人物，其書更幾乎不為人知〔註7〕，因此一方面情性論在漢儒原本就只是個不重要的論題，另一方面性分三品說也一直不是什麼顯赫的主流論點，當然也就不可能有人會刻意地去連繫它們。如今荀悅第一次同時提及這兩面，當然頗為突兀。第二：荀悅提及這點的時機特別值得注意。我們前已提及荀悅和人倫鑒識這一時風的關係。人物鑒識初起時的型態，如所謂三君八俊之標榜，固頗有抄襲論語等書所列堯舜所尚友之諸賢的味道，論語中亦有賢者辟世，其次辟地……等說法，可為當時人們品次人物高下之模倣對象；但像汝南許劭等之月旦評，把人物品題轉成某種固定之品第高下，則不能不有特別的思想淵源〔註8〕，我以為荀悅的說法恰為此提供了一個絕佳的證據。綜合這兩點，因此我乃說上引的兩段話具有思想史上的關鍵意義，它具體地說明了人倫鑒識和兩漢人性論之關聯。

然而在荀悅的話裡，他所連繫到的情性論中所謂的情，仍指情感而言，換言之，他並沒將情性論直接發展到才性論上，或者更準確些說，在荀悅的時代裡，其實根本就還沒有才性論之可言。這亦有故。初時人倫鑒識之起，

〔註7〕《論衡》之進入中原至少是在東漢末年，且亦乏流通，依史書所載，恐怕只有蔡邕、王朗等少數人涉獵過而已。詳見《後漢書》卷四十九〈王充傳〉注引袁山松書。〔南朝劉宋〕范曄：《後漢書》（北京：中華書局，1965年），頁1629～1630。

〔註8〕當然也有人注意到班固的〈古今人表〉，例如孫楚即曰：「九品漢氏本無，班固著漢書，序先往代賢智，以九品條，此蓋記鬼錄次第耳，而陳群依之以品生人。」〔晉〕孫楚撰：《孫子前集》，收入〔明〕張溥輯：《漢魏六朝百三家集》（上海：上海古籍出版社，1994年），頁1646。但我曾考證過班固的九品與王充的三品實有相同的思想來源。詳見拙著：《從災異到玄學》（國立台灣師範大學國文研究所博士論文，1989年5月）。

固然有其政治意義，但它只意在作為清流集團的檢別工具，因此它只重在對一個人性行之題拂，如郭林宗著書之類卜相可證。在此情形下，人倫鑒識之只關聯於情性論，便也不難理解。嚴格說，才的問題之出現實在軍興喪亂之後，軍閥割據，各爭人才之時。彼時才的問題突成迫切的課題，一方面，我們看到人倫鑒識被轉成為斠拔人才之工具，此即九品中正制度之所由興；另一方面，才與性行的關聯也開始成為討論的課題，仲長統《昌言》中有段話說：

> 人之性有山峙淵停者，患在不通；嚴剛貶絕者，患在傷士，廣大闊蕩者，患在無檢；和順恭慎者，患在少斷，端愨清潔者，患在拘狹；辯通有辭者，患在多言；安舒沈重者，患在後時；好古守經者，患在不變。〔註9〕

這實在是今存可考的史料中，討論才性關係的第一段話，當然它絕非是偶然的現象，而且他對性行的分類也無疑地是由人倫鑒識中汲取的資源。因此我們雖沒有直接證據證明才性關係的討論係由情性論轉手而來，但通過人倫鑒識這一主題的接引，我們仍有充分理由認定才性論和情性論根本就是一個同質的問題（案：此處所謂同質的，並不只是就哲學的意義言，而更是就歷史的意義言）。我之所以敢如此推論的理由，主要是因為從荀悅的話中，我看出了當時的人正是依憑著兩漢的人性論在思考人倫鑒識的問題之故。所以我乃敢大膽地推測，有關才性四本的爭論內容可以通過情性論的爭議主題而獲得某種程度的釐清。

三、才性四本論的現實因素

依據前節所述，我們推斷了才性四本論和兩漢情性論的歷史關聯性。但前文亦曾述及當我們只能轉就歷史的角度來理解才性四本時，才性論便已轉成了某種意識型態的表達工具。以此而言，則光由情性論的角度以理解才性四本，恐怕仍是不夠的，因為四本論必將含藏著某些社經因素在內。關於這點，很幸運地我們已擁有了一個很好的基點，因為陳寅恪先生憑藉著他敏銳的洞察力，已看出了才性四本論背後正反映著兩個集團的利益衝突。他說：

> 東漢中晚之世，具統治階級可分為兩類人群，一為內廷之閹宦，一為外廷之士大夫。閹宦之出身大抵為非儒家之寒族，所謂乞匄攜養

〔註9〕〔漢〕仲長統：《昌言》，收入〔清〕嚴可均：《全上古三代秦漢三國六朝文‧全後漢文（卷88）》（第2冊）（北京：中華書局，1985年），頁954。

之類……主要之士大夫，其出身則大抵為地方豪族，或間以小族
……魏為東漢內廷閹宦階級之代表，晉則外廷士大夫階級之代表。

故魏晉之興亡遞嬗乃東漢晚年兩統治階級之競爭勝敗問題。〔註10〕
此說之精，洵可發千古之覆，依此觀點，幾可解決曹魏時期政經社會所有矛
盾難解的懸案，亦可以看出整個時代變遷的大勢。而就本文的論題言，此一
觀點無疑地亦將具有關鍵地位。這緣故其實是很好理解的。因為任何政治上
的集團對立，最直接的戰場便決定在人事分配上的掌控力量，而曹魏時期決
定人事的基本制度正是九品中正，所以說才性論會成為某種集團利益的護身
符，是一點也不足為奇的。所以說才性四本的理解，無可避免地必須涉及九
品中正制度的一些發展。因此底下我想略述一下九品中正的緣由及演變。

如果說我們要把九品中正制度歸給陳群的話，則它的時間可能不會比曹
丕踐阼早多少，但事實上陳群很可能只是把這種斟拔人才的方式規制化的人
而已，因為曹操早已採用了這種方法了〔註11〕。

嚴格說來，這裡實在存在著一個歷史的弔詭。我們都曉得曹操的出身原
不甚高明，在許多不同來源的史料中也都記載著他去見許劭的尷尬事，從這
裡我們或可推測曹操在心理上一直急切地想擠進進士族集團，但也一直不得
很意，不過起碼在他的價值判斷上，是承認人倫鑒識之優越性的，此所以後
來他在用人時，相當程度地引進了這套方法。但前文中我們也提到過，人倫
鑒識從一開始就是做為士族集團自我凝聚的工具，因此不用它來斟拔人才則
己，一旦用了它，它便立刻會成為士族的晉身階。在早期曹操和袁紹對峙時，
袁紹以家世故，士族乃多嚮之；但官渡戰後，曹操的羽翼已成，士族自然只
有歸向他，而曹操又提供了這一晉身階，兩者自是一拍即合。然而曹操當然
不可能沒有警覺，他總不會不在他麾下維持某種平衡力量，而任令士族勢力
的擴張來危害到他的統治地位。然則他的方法為何呢？這當然也不難想像，
他必須維繫一股不出身於士族的力量。如能了解這點，我們便也能理解到建
安七子和吳質等何以皆非士族出身，或至少不是中原士族出身之故〔註12〕，

〔註10〕引文請見陳寅恪：《金明館叢稿初編》（北京：生活·讀書·新知三聯書店，
　　　　2015年），〈書世說新語文學類鍾會撰四本論始畢條後〉，頁41～42。
〔註11〕《三國志·韓嵩傳》載曹操初下荊州，即命嵩條品州人優劣而用之可證。
〔註12〕七子中除王粲與蔡邕有關外，多無顯赫世系，但王粲亦早流落在外。吳質則
　　　　《三國志·王粲傳》裴注明指為「單家」子弟。〔漢〕陳壽：《三國志》（北京：
　　　　中華書局，1971年），頁597～598。

也可以約略猜到他終於容不下孔融的緣由。此外尚有一事值得注意。

　　自從顧炎武嚴厲批判了曹操的求才三令後〔註13〕，我們也常只由道德的尺度看這件事，但仔細想來，曹操又何嘗因此而敗壞了世風呢？至少我以為此事只能作一結果看，這顯然是曹操為了平抑士族勢力的擴張而採取的政策；而如果由此令之三申五令來看，此一政策恐怕是遭到不少掣肘的。以今存的史料來看，其間詳細的爭持固已不容詳攷，但魏黨的孤弱卻是不容置疑的，要不是曹丕仍緊握著兵權，恐怕不必待明帝便已被架空了。說起來，魏的不能強幹弱枝，其因根本早已種在曹操對士族之自卑心態上了。這一自卑促使他認同了人倫鑒識，進而乃有九品中正，而九品中正恐怕正是促成曹魏權柄外移的主因所在，此所以我說這是歷史之弔詭的緣故。從這裡我們注意到了兩個問題，第一是曹操何以會提出才的問題？第二是九品中正如何移走曹魏的統治基礎？

　　由於陳群初定九品制時的具體作法已不可詳攷，我們只能由後來的一些記載來逆推。一般而言，九品的評定包含了三個部分，名曰品、狀及簿伐，唐長孺先生曾以為狀指一個人的才德，簿伐則係其家世，品則為狀與簿伐的綜合考評〔註14〕。但《魏志・常林傳》注引魏略所述，王嘉為中正，「敘（吉）茂雖在上第而狀甚下，云德優能少」，然則品與狀實應分指德與能而言，因此我以為品狀簿伐實分指德、才及家世。其中簿伐的性質猶云身份證的作用，它在實質上當然就像八行書般，有其不可明說的作用，但在制度設計上，品狀顯然才是重點；換言之，九品的評定主要在考量一個人的德與才。但無可置疑的，九品制顯然是由人倫鑒識轉手而來，而人倫鑒識的基本主題原在對一個人性行的題拂，這當然偏重在一個人道德品質的品題，才的問題根本不是重點。然則才的考量之能在九品制中取得與德分庭抗禮的地位，背後顯然有其突出的考量因素。就政治原因來推求，當然一如前述，我們瞭解曹氏父子有其平抑中原士族的考慮，但光憑這一因素也還不足以說明曹操要把才提

至與德平列的原因，此當別有緣故。當然一個最單純直接的看法，便是認為當時正處漢室崩潰，魏室初肇的用人之際，於此時強調才的重要，似為順理成章之事，魏武的求才三令也正足以支持此一看法。但嚴格說，這一解釋也只是板相之見而已。因為一方面在現實政治的折衝鬥爭中，才的因素充其量也只能是消極的考量因素而已，我們絕不能一廂情願、理想主義地認為曹操真的可以不考慮其它因素地拔擢人才。另一方面如果就人格審美的立場看，人格美之可以進入品鑑範疇的本質成素，大體是指一個人的材質之性而言，換句話說，所謂的政治才幹，並不是第一序上說的人格品鑑之對象，它至多只是在第二序的反省上，和材質之性具有某些關涉而已，但亦須知這相關性也不是定然落實得下來的。這意思也就是說理論上曹操並沒有堅強的理由把才的問題加到人倫品鑑上，不過我們也注意到了求才三令裡的一句話，在其中曹操引述了《論語‧憲問》中孟公綽能為趙魏老，卻不能為滕薛大夫的典故，並直接將它理解成才與德的對舉，這是很可注意的。這個典故在漢儒的理解中，恐怕並沒有這一意涵。何晏《集解》引孔安國云：

> 公綽性寡欲，趙魏貪賢，家老無職，故優‧滕薛小國，大夫職煩，
> 故不可為。

這個解釋恰不恰當是一回事，但卻是比較有根據的。因為緊接此章之後，孔子論成人時即曰「公綽之不欲」，所以公綽何以不能為滕薛大夫，也只能由不欲上來想，這恐怕和才不才是無關的。當然劉寶楠的《正義》也引到《漢書、薛宣傳》薛宣勞勉薛恭、尹賞之語云：「昔孟公綽優於趙魏，而不宜滕薛，故或以德顯，或以功舉。」而劉氏即推論云：「是言為趙魏老當以德，為滕薛大夫當以才，故能有功也。」但嚴格說德與功之對舉和德與才之對舉，在問題性質上仍有很大差距，德與功只就其外顯之表現言，德與才則就人格質素言，這是很難類比的。因此曹操的引述其實是沒什麼根據的。但他之所以會如此引述，卻又顯然不只是望文生義而已；我們都瞭解漢儒均有依託經義和聖人之言的意識傾向，因此我以為這也正是「託古改制」的又一例證而已。曹操藉著這一類比，彷彿把才德對舉的問題再一次歸給聖人，於是他便可以合法地要求在依人倫鑑識斟拔人才時，必須考量才的因素了。而有了才與德的雙重標準，曹氏父子的用人權柄才不至於完全旁落。

假如我們前文的推論尚不離譜的話，則關於後來才性問題之來龍去脈，便也將可以獲得明確的理解途徑，然後我們亦將看到九品中正如何移走曹魏

的統治基礎。

　　我以為其發展過程是這樣的：由於曹操硬將才的問題加到了人倫鑒識之中，而且彷彿是依託聖人之言，這當然就替人倫鑒識創造了一個新命題，此所以當世學者必須傾力去克服把才的品鑒加到人格品鑒上的困難。準此而論，我們當然很容易想像問題所在，亦即不外乎才的品鑒和人格品鑒到底是一回事還是兩回事？它們能否併合在一個品鑒的過程中進行？若不併合在一起，則品鑒如何進行？若併合在一起，則兩者是否構成隸屬關係？誰隸屬誰？等等問題。而也正是曹操技巧地將這個問題轉為經學的問題，所以當世學者會用處理經學的方式來處理它，是不足為奇的，這點也很迂迴地提供了用情性論理解才性論之可能性的旁證〔註15〕。於是從前述問題和情性論的綜合，我們乃獲得了理解才性四本論的明確途徑。

四、才性四本論的可能解釋

　　依據前文所述，才性四本論有幾個前提是必須先確立的：第一、由曹操把才的品鑒加到人倫鑒識上，同時把才德並舉，則至少他是認為人倫鑒識中必須包含著才的品鑒和人格品鑒的，這看法恐怕也是當世學者的共識。第二、由九品制的品狀分立，則至少這兩類品鑒是分頭進行的。依照這些前提，我們可如是設想，若一個人的品狀皆優或皆劣，則大概不出什麼問題，但若一個人的品和狀分別言的品次懸殊，則在作統一定評時，乃至實際用人時當如何取捨？再者，分立說的人格品鑒固是純粹人格美的審美問題，但分立說的才之品鑒又如何可能開闢一個獨立的審美領域？關於這兩個問題，我想當時的人很可能會形成兩類看法，一是認為才的品鑒雖在獨立進行，但它並不能獨立開一個審美領域，而只能是從屬於人格品鑒，依此，這派看法很可能主張品之重要性應大於狀。其次也可能認為才的品鑒自有其獨立的審美領域，依此，品狀的重要性乃必須視個別狀況再作決定。換言之，前一個問題即指表才與性之隸屬關係，而後一個問題則指表才與性的分立關係。當然我如此說並不意味這兩類看法已窮盡了前述問題的邏輯可能性，而是在引入

〔註15〕此處我乃意指在當時人的思想中，情性論和才性論俱是經學問題，這一條件對兩漢的學術氣氛而言，是一最基本的必要條件，有了這條件之後，他們便會習慣性地將經典的相關字眼（案：他們並非根據論題推衍的需要，而只是根據一種前邏輯的類比習慣）牽合起來，其實兩漢整個章句訓詁的傳統皆是此一觀念的產物。

了情性論的思維模式後，這兩類看法恰可和性情相應說、性善情惡說相比配〔註16〕，於是我們乃可以合理地假定才性四本論正可以用前述兩類對立的看法來理解。

坦白說，即使依如上的分析，我們依然不可能真正推定才性四本的具體內容以及其論證形式；上述分析所能提供的至多也只能是四本論各自論題的定義。從最粗略的字面分野來看，才性同和才性合應該相當於前述第一個看法。才性異和才性離則應相當於前述第二個看法，若再進一步區分，則我以為才性同代表原則性地肯定人格器鑒和才之品鑒應屬同一領域，才性合則代表才的品鑒應收歸於人格品鑒，且品之重要性要大過狀；才性異則應代表人格品鑒和才之品鑒各有不同之品鑒原則，才性離則應代表品狀的重要性必須分別來看，不可將才收歸於性。這樣我們便能起碼地理解才性四本的具體意涵，同時從要不要賦予才之品鑒的獨立地位這一立場來看，我們也將很容易明瞭何以主張才性異和才性離的皆是魏黨之故〔註17〕。

以上我們依照問題推演的方式，提出了才性四本的可能解釋，當然就某個角度說，這一解釋仍是不夠清楚的，但我們亦曾一再聲明，一則現有的文獻全然不允許我們再作進一步推論，以找出其論辯過程，二則這一爭辯原即不是一個理性的論題，因此我們也不宜透過對上述解釋的邏輯推演來作後續論題的推測。然而很幸運的是當我把相關的史料過濾之後，確有充分的證據可以證明我們的部分解釋，例如《三國志·盧毓傳》云：

> 毓於人及選舉，先舉性行，而後言才。黃門李豐嘗以問毓，毓曰：「才所以為善也，故大才成大善，小才成小善。今稱之有才而不能為善，是才不中器也。」〔註18〕

李豐正是論才性異者，很可惜我們並不能知道李豐的論點。至於盧毓，他並不在四本論者之中，不過這段話也許約略可反映出前面解釋才性合之論點，因為他明確地主張將才的品鑒收歸到性行的品鑒之中。當然盧毓的論辯顯然

〔註16〕邏輯地說，至少才性之隸屬關係亦可有誰隸屬誰的問題，但由於此一論題之必須與情性論作類比，而情性論需以性為首出，才之地位只能與情相比配，故我們可有如上之推論。

〔註17〕詳細的考證參考陳寅恪《金明館叢稿初編》（北京：生活·讀書·新知三聯書店，2015 年），〈書世說新語文學類鍾會撰四本論始畢條後〉，關於李豐、王廣之出身說明。

〔註18〕〔漢〕陳壽：《三國志》，頁 652。

並不合邏輯，所謂性行和才所以為善之善原是兩個概念，因此像這種概念的滑轉適足以證明四本論每一論題的性格，是以這一論辯很可能根本是沒有焦點的。不過我們至少間接證實了前述的部分解釋是可信的。又比如《三國志·傅嘏傳》載嘏之語云：

> 方今九州之民，爰及京城，宋有六鄉之舉，其選才之職專任吏部。
> 案品狀則實才未必當，任薄（簿）伐則德行宋為敘；如此則殿最之
> 課，未盡人才。〔註19〕

這是一條頗難解讀但卻更直接的證據。就字面意思來分析，傅嘏的意思似乎是矛盾，他一方面批評由吏部來品定人才，其品狀常只能見德行而不足以見實才，而簿伐則只見家世而不見德行，當然實才固無論矣，但另一方面他又主張恢復鄉舉，換言之，他即主張只以人倫鑒識來取代九品中正，但人倫鑒識本就不足以盡實才啊！如此一來，傅嘏豈非自打嘴巴？然仔細想來則又不然，從這段話真正透露的是傅嘏以為九品中正制根本就會自相矛盾，疊床架屋的結果根本不足以見人才，還不如單純復古，用鄉舉的人倫鑒識方式來得簡單。換言之，傅嘏很可能正是主張單提人格品鑒即可者，這種主張恰好即是我們前述的才性同之主張，而我們不應忘記的是，傅嘏恰好是主張才性同的人，這不正好是最直接的證據嗎？至於《三國誌·杜恕傳》載恕之言謂「人之能否實有本性」，這也許是才性同論的推論方式，但是語焉不詳，其論證仍是不得而知的。而更遺憾的是我們完全找不到有關才性離、異之論的蛛絲馬迹，因此前述的解釋也只能算是一種可能的解釋，天意如此，恐怕也只能徒喚奈何了。

由性而論才，把才之品鑒完全收歸於人格品鑒的最明確例子，實在莫過於劉劭的《人物志》了。他在〈九徵〉篇中有段話說：

> 九徵皆至，則純粹之德也。九徵有違，則偏雜之材也。三度不同，
> 其德異稱。故偏至之材，以材自名。兼材之人，以德為目。兼德之
> 人，更為美號。

其論點顯然是從格之質性以逐步推出各類才品，乃至如〈材能〉〈流業〉等篇之所說。這套說法實可視為才性合之說的進一步舖排。《人物志》一書大約作於四本論興起之同時或稍後，大概是無可疑的。雖然我們並沒有任何明確證據證明《人物志》是為此一論戰而作，但我們也不能忽略一個事實，亦即劉

〔註19〕〔漢〕陳壽：《三國志》，頁623。

劭曾為明帝作都官考課之法七十二條〔註20〕，換言之，劉劭規範了當時全盤的人事考核制度，那麼持才性合同之論者已在這場論戰中取得上風，恐怕是個不爭的事實。我以為整個曹魏政權的移轉，其原因固不可能止於一端，但整個意識型態工具的掌握上，魏黨並沒有任何可與《人物志》抗衡的東西，應該也是重要因素。從此，九品中正恐怕多是依才性合同之論在進行選才，這當然益發於使原已孤弱的魏黨遭到更大程度的架空，乃至於動搖了曹魏政權的全盤統治基礎。

最後猶有一點可說的是：假若我們對才性四本的基本定義之推斷不錯的話，則主張才性離異之說者終於敗下陣來，恐怕也不完全只是肇因於權力鬥爭上的失敗，而是也有著理性上的必然，這主要是因為獨立的才底品鑒在原則上根本不可能之故。我們前已說明，其實從質性來推才能已經不妥，它並不一定完全正相關，但它在通常狀況下，多少仍有那麼些關係在，但若說我們要以審美方式獨立評斷一個人的才能，則在他還不曾在事上有表現時，根本就不可能，這是因為才能是隨事而顯，它不像質性是隨人而顯之故，所以任誰也無從去開出一個獨立的才底品鑒領域，這也就是我說才性離異論者必敗的原因。當然我如此說，並不意味主張才性合同的論者也看到這個道理；相反的，由於他們依然也堅持性與才之完全正相關，這也將必然導致才非所用的情形。就算中正們不曾循私舞弊，但如夏侯玄所謂「未聞整齊」之論恐怕也是必不可免的〔註21〕。這些道理說明了整個九品官飲法的尷尬，此義可能是所有論者皆不曾慮及的吧！

五、結語

才性四本論作為中國人性論長流之一支，其聲音顯然是極其微弱的。依照前述的分析，才性關係根本就不能形成為一個理性的命題，它之所以能成為喧騰一時的言家口實，純只是由於某些歷史緣會而已，這當然會限制了此一論題之開展性，甚至使它自我墮落為某種政治利益的附庸，因而加速扼殺了對此一論題的再反省。我以為《人物志》之所以很快地成為絕響，實不為無故。今我嘗試通過各種可能的手段，勉強對才性四本的論題大意提出了一

〔註20〕關於此事，請見杜佑《通典》卷十五，〈考績〉條所載。〔唐〕杜佑：《通典》
　　　　（北京：中華書局，1992年），頁366～373。
〔註21〕請見《魏志‧夏侯玄傳》所載論九品中正之語。

種新解釋，我完全瞭解這個解釋的侷限性，但基於學術求真的興趣，或者這一解釋仍可協助我們瞭解那時代思想界的部分真相，換言之，我的理解純粹是思想史而非哲學的，我很希望這一理解能跳出四本論論題表面的哲學幻相，而儘可能地還其本來面目。這一理解進路，我誠懇地期盼能得到方家的批評與指教。

最後我猶有一點感想，亦即傳統的中國思想家們並沒有一套論題推衍的意識，他們所有的思想皆是從各類型的生命實踐中來，這雖未必無益處，但只從實踐的立場中所開闢的論題，而又真可進入嚴格的論題推衍以檢證的，畢竟是極有限的。當然人可質疑為什麼一定得讓實踐的論題通過理性的檢證呢？此時我們需知，凡真可成一論題者，無論是通過什麼進路而成，它皆需落實下來以成一客觀之理，然則焉有不能通過理性反省之理，因此，如以理性的標準來檢證中國思想傳統中的論題，則必然將有不少論題只是平地起土堆，徒耗精神而已，才性四本論正是其中的一個小例子。於此亦可見論理程序之重要。當然一些真正的實踐性論題，諸如道德、審美等，古代思想家確有不凡的造詣，他們未必能以一套邏輯語言來分析，但卻均能自然合轍，且甚至有進於理論所可舖陳之境界，此如人倫鑒識在人格美欣賞上所達致的境界。其中，《人物志》在人格美的欣賞上，成就是斐然的，可惜的是他總要將人格美的欣賞轉至政治上的才性關係，這一種應用上漫無理性規準的興趣，終致扼殺了一個精彩論題的生命，然則吾人可不慎歟！

收入《魏晉南北朝文學與思想學術研討會論文集（第二輯）》
（台北：文史哲出版社，1991 年），頁 823～843。

試析「聲無哀樂論」之玄理

摘要：

　　嵇康的〈聲無哀樂論〉一直是中國音樂美學，也是道家美學的一篇重要文獻，但歷來的詮釋者，似乎均未能將此文之樂理和道家之玄理作緊密之扣合，致使此文的詮釋始終存在著不小的漏洞。

　　本文之作，即旨在嘗試以中國音樂美學中「聲、音、樂」三分的結構，來指出嵇康此文思路的滑轉；其中最重要者，尤在「和」這一概念上所出現的歧義。筆者在指出此一歧義之餘，並嘗試以「境界之和」這一概念，作為此文之義理歸縮，以為嵇康思想之詮釋更進一解。

關鍵詞：和聲、和聲無象、聲音樂三分、自然之和、境界之和

一

　　嵇康的〈聲無哀樂論〉如擺在從先秦以降的樂論傳統來看，無疑是極具特色的。如果我們說中國早期的音樂美學一直是以儒家思想為背景的話，則嵇康此文直可視為道家音樂美學的一篇宣言式作品。這篇文字出現在魏晉，當然不令人奇怪，但若將它與阮籍的〈樂論〉稍作比觀，便更容易看出來此一文獻在各方面的關鍵性地位，此所以它能成為後世清談的主要題材，實不為無故。

　　然而嵇康此文的論辯，依今人的解析，卻是不如理者居多，嵇康論理，喜用「推類辨物」的方式，但至少就此文而言，便多有概念層次屢屢滑轉之嫌。一般而言，嵇康的論辯，主要乃是建立在「和聲無象，故無涉於哀樂」這一命題之上，但這一命題本身便是很成問題的。關於這點，論者大抵皆能見之，如牟宗三先生云：

聲音固是以「和」為體，哀樂固是主於心，因感而發。然問題是在：聲音是否只是「和」之一通性？是否尚有具體而各別之色澤？聲音本身固無所謂哀樂之情，然豈因此即無具體之色澤？此則不易撥無者。和之通性即在具體色澤中表現，具體色澤亦總附離於具體之聲而與和之通性為一。如高亢、低沉、急疾、舒緩、繁雜、簡單、和平、激越等，皆具體色澤也。此亦可謂和聲之內容。……如聲音有具體之色澤，則所謂哀樂因感和聲而發，哀樂之情與和聲之色澤間亦必有相當之關係。……然則經由和聲之色澤而感哀樂，或經由和聲之色澤而微知某種事物，亦非可輕易否定者……傳統之觀點即依此而說聲音有情矣。嵇康不分聲音之通性與殊性，故其論辨常多糾纏不清，亦不恰當。〔註1〕

陳戰國於《魏晉玄學史》論嵇康部分亦云：

嵇康的〈聲無哀樂論〉不僅否定了自然音響、人的歌哭具有感情色彩，同時也否定了音樂所具有的感情色彩；不僅否定了音樂中蘊含著演奏家的情感，也否定了音樂是作曲家思想與情感的結晶。他之所以犯這樣的錯誤，從理論上講，主要原因是混淆了自然音與音樂的本質區別。嵇康把音樂看成是樂音按照一定次序的排列，這當然是對的，問題是按照一定次序排列起來的樂音所構成的音樂，從本質上講已經不同於自然音了。〔註2〕

如上所評，其論點當然都是對的，就依今天西方音樂幾個最基本的概念而言，和聲和曲式、旋律、節奏等概念，任何稍明樂理者都知道，它們是不同層次的概念。一首樂曲的和弦，有其純客觀的物理共鳴效果，它和喜怒之主觀情感自然無涉，但樂曲的曲式、旋律等等，則顯然正是作曲者之命意所在，這如何能和主觀之感情世界割斷開來呢？因此，嵇康此文的基本論證無疑是失敗的。然而，其論證固可以不成功，卻並不表示此文的基本關懷亦屬無謂，否則此文何以會受到如此多的關注呢？然則此文的基本關懷究竟何在？

依牟先生的說法，他以為嵇康此文主要是依其哲學心靈，而展現出一種

〔註1〕 參見牟宗三：《才性與玄理》（台北：學生書局，2002年），頁349~350。
〔註2〕 參見許杭生等合著：《魏晉玄學史》（陝西：陝西師大出版社，1989年），頁229~230。

客觀的和聲之美。他說：

> 和聲當身之純美觀乃其特色也。「託大同於和聲，歸眾變於人情」，
> 使和聲當身從主觀人情禮樂教化之糾纏中得解放，此種「客觀主義
> 之純美論」亦為極有意義者。〔註3〕

這說法當然不能算錯，所謂「聲音自當以善惡為主」，也就是說和聲之善與不善，確是嵇康所關切者。但嵇康真是個如此客觀主義的人嗎？此文最後一段有云：「樂之為體，以心為主，故無聲之樂，民之父母也。至八音會諧，人之所悅，亦總謂之樂，然風俗移易，不在此也。」則所謂和聲無象即是「無聲之樂」，而無聲之樂又顯然指向一個理想境界的達成，此即嵇康所云：「古之王者，承天理物，必崇簡易之教，御無為之治」之理想境界。這當然是個不同於純客觀主義的人文思想，因此，牟先生的詮釋似乎並不能掌握住嵇康此文的基本關懷。

另外一種理解方式，則是注意到了嵇康所描繪的理想境界，但卻原則上將由「無聲之樂」所指點到的理想境界，當成了某種政治上的意識型態，這就使得他們必須轉而批判嵇康之否決「八音克諧」和「移風易俗」之關聯。這主要是因為若說「無聲之樂」是某種社會性的審美態度之反映的話，便沒有理決否決「八音克諧」之作為另一種社會性審美態度之反映，而它們皆曾在為某種階級意識提供政治性的服務，此即如任繼愈主編的《中國哲學史》所說：

> 嵇康把音樂簡單地看作聲音，所以說「聲無哀樂」。他沒有認識到音
> 樂和其它藝術作品一樣，有它的階級性、社會性。因為音樂是經過
> 藝術加工的聲音，是經過有一定階級立場的人來安排的音調和節
> 奏，並且是為一定的社會政治服務的。〔註4〕

然而這樣的表述方式，當然是一種過度的簡化，也是對思想與意識型態分際的混漫。嵇康在現實政治中，當然有其特定的立場，但若說他的一切思想皆依本於此一立場而發，而不蘊含著其它客觀獨立的價值，這顯然不應該也不會是事實。因此，以某種政治意識型態來詮釋嵇康此文的基本關懷，也應該是不恰當的。

〔註3〕參見牟宗三：《才性與玄理》，頁 355。

〔註4〕參見任繼愈：《中國哲學史》（北京：人民出版社，1996 年），魏晉南北朝部，頁 198。

二

於此，筆者以為戴璉璋先生所說，嵇康此文也表示了他對玄理的慧識〔註5〕，這說法應是很有意義的，而且以這說法作為嵇康此文的基本關懷，應該也是很有詮釋效力的。唯其如此，我們乃有更大的可能將嵇康的思想，統貫為一個更富有創造力的系統。但平心而論，戴先生的詮釋亦不能令人無疑，何以言之呢？

依戴先生的說法，嵇康的玄理皆是依本在「氣化宇宙論」這一基礎之上的。嵇康之能由音聲之理透出玄理，其邏輯乃是如下所說：

> 他（嵇康）認為音聲之作是本於天地氣化之自然。……五音與五色一樣，都是天地間陰陽變化所形成的。音聲一旦形成，就有它自己的體性，不因後來的遭遇而有所改變。這體性究竟是什麼呢？嵇氏說「音聲有自然之和」，「聲音以平和為體」。這使我們想起上文提到過的老莊以來的自然觀。嵇康從氣化之本然這裡說音聲之自然，又從音聲之自然這裡說和，說聲音之體。這與他在性命自然這裡說和，說養生之道有一致的理趣。聲音既以平和為體，則能呈現平和之體的音聲就稱為和聲。和聲在八音克諧中呈現，也在五聲協調中呈現，此外聲音的猛靜、曲調的變化都可以呈現和聲。依嵇康的看法，音聲之和既出於自然，則「無係於人情」。這是他主張聲無哀樂的主要理由。和聲既然無係於人情，則它也就「無象」。這是說它沒有任何象徵意義。所以嵇氏反對世俗認為「文王之功德與風俗之盛衰皆可象之於聲音」的說法。從和聲無象這裡，嵇氏契悟了玄理。〔註6〕

這樣的邏輯包含了幾個基本部分，其一，老莊的自然觀原是一種氣化的自然觀；其二，嵇康的和聲即是復於天地自然中聲音的實相——一種無任何象徵意義的本然平和之聲相；其三，所謂玄理即是向此氣化之自然底回歸，此所以戴先生云：「由和聲是音聲盡其自然體性的表現這一點，我們可以推知：和聲之所以有弘大的感人動物的作用，正是由於自然的和理本為萬物所共具，

〔註5〕 參見戴璉璋先生：〈嵇康思想中的名理與玄理〉（《中國文哲研究集刊》第四期）一文，頁243～248。

〔註6〕 參見戴璉璋先生：〈嵇康思想中的名理與玄理〉（《中國文哲研究集刊》第四期）一文，頁243～244。

天地萬物本為太和一體，所謂人和，與天和，人物彼此都可經由和理而互相
感通。」〔註7〕

　　戴先生這樣的說法當然會面臨一個極大的問題，此即老莊玄理所說的自
然，真是一種素樸的自然主義嗎？又嵇康的玄理也真是從這種素樸的自然主
義中發展出來的嗎？在老莊的文句中，的確不乏氣化論式或類似自然主義式
的說法，如「萬物負陰而抱陽，沖氣以為和」〔註8〕、「人之生，氣之聚也……
故曰『通天下一氣耳。』聖人故貴一」〔註9〕、「言人之不以好惡內傷其身，
常因自然而不益生也」〔註10〕之類皆是，但老莊所謂的氣，自然，豈真可以
連繫到自然主義上嗎？我們只須要從「无聽之以心而聽之以氣」〔註11〕「氣
也者，虛而待物者也」〔註12〕「汝遊心於淡，合氣於漠，順物自然而無容私
焉」〔註13〕等說法中，氣和自然等概念之充滿著工夫論的意涵，便應該可以
很容易地看到，老莊不可能如此簡單地等同到自然主義上去。牟宗三先生解
王弼注「天地不仁」一段云：

> 此「自然」亦是沖虛境界所透顯之自然，非吾人今日所謂之自然世
> 界或自然主義所說之自然也。自然世界之自然乃指客觀實物自身之
> 存在言，而境界上之自然則是指一種沖虛之意境，乃是浮在實物之
> 上而不著於物者。故「天地任自然」是依沖虛而觀所顯之境界上之
> 自然。〔註14〕

以這段話解王弼是否準確，姑且不論，但以之說老莊，應該是十分恰當的。
牟先生以一種沖虛的意境說自然，既是沖虛的意境，便表示它原則上是個心
性論的問題，而不是一個自然主義的問題，然則何以以戴先生對牟先生思理
之精熟，而忽有此不察呢？

〔註7〕 參見戴璉璋先生：〈嵇康思想中的名理與玄理〉（《中國文哲研究集刊》第四
　　　　期），頁247。
〔註8〕 《老子》第四十二章。朱謙之：《老子校釋》（北京：中華書局，2000年），頁
　　　　175。
〔註9〕 《莊子·知北遊》。〔清〕郭慶藩：《莊子集釋》（新北市：頂淵文化，2005年），
　　　　頁733。
〔註10〕 《莊子·德充符》。〔清〕郭慶藩：《莊子集釋》，頁221。
〔註11〕 《莊子·人間世》。〔清〕郭慶藩：《莊子集釋》，頁147。
〔註12〕 《莊子·人間世》。〔清〕郭慶藩：《莊子集釋》，頁147。
〔註13〕 《莊子·應帝王》。〔清〕郭慶藩：《莊子集釋》，頁294。
〔註14〕 參見牟宗三：《才性與玄理》，頁144。

　　另一方面，戴先生亦以嵇康之玄理乃由自然主義中發展出來。若果真是如此，則至少嵇康之玄理是不能會歸到老莊身上的。但嵇康之意真是如此嗎？照今天大陸學者的一般說法，總愛將嵇康歸類為一個唯物論者，這主要便是由於他們認為嵇康是主張氣化宇宙論的〔註15〕。戴先生基本上也是接受這個判斷的。而就文獻上看，嵇康也確實順著三國時才性論的傳統，說過一些氣命自然的話頭〔註16〕；至於聲無哀樂論，無可否認的，嵇康的論證常只扣著自然之音聲而論，即使他引到〈齊物論〉的「夫吹萬不同，而使其自己也」，他也似乎並不真知道莊子說這段話的思路，而只是簡單將之引到他自己的論證上來而已。這些現象都容易使人接受前述的判斷。然而如果我們注意到像〈釋私論〉這篇純論工夫的文字的話，便會發現問題似乎並不能這麼簡單地理解。茲仍以戴先生的一段話來作申論的憑藉：

> 從氣化宇宙論的觀點來說，人的性命本屬自然，自然之中本有和理。因此在自然的性命這裡本來沒有什麼工夫可做，唯有因任而已。……可是事實上人的性命有違離自然失其本真的情況，這就需要回歸的工夫、盡性的工夫。依道家的看法，導致人違離自然失其本真的主要原因，是智之運用失當，欲之逐物不返。嵇康據此把他工夫論的重點放在智之運用如何「收之以恬」、欲之需求如何「糾之以和」這兩方面。在這兩方面的工夫上，嵇氏不取臨時壓抑或事後補救的方法，他所提出來的治本之道是釋私、無措，即由私念的化解而導致心靈的虛靜明達。〔註17〕

照如是的說法，原始的自然氣命只能因任，如其有破裂，則需以釋私、無措之工夫，以求回歸於自然的氣命。然而我們豈不應問：這經過無措之心靈虛靜工夫作用的性命，尚還是原來的自然氣命否？若套用辯證法的詞彙來說的話，原始的氣命實只是第一度的和諧，而在無措工夫作用後的性命，則是通過某種「揚棄」而得的第二度和諧，這兩種和諧當然不容輕易畫上等號。以

〔註15〕如《中國哲學史》所引任繼愈之說，彼即以為「嵇康在哲學自然觀方面承襲了王充以來元氣自然論的樸素唯物主義，排斥宗教唯心主義。」參見任繼愈：《中國哲學史》，頁196。此說大抵為大陸學者的共同主張。

〔註16〕如其〈明膽論〉云：「夫元氣陶鑠，眾生稟焉。賦受有多少，故才性有昏明」，便是許多論者皆喜徵引者。戴明揚校注：《嵇康集校注》，頁249。

〔註17〕參見戴璉璋先生：〈嵇康思想中的名理與玄理〉（《中國文哲研究集刊》第四期），頁248。

此之故，嵇康所說的養生，實亦是通過心性工夫作用後，一種價值意義上的養生，這和從服食導引上求養生者之純在自然氣命上作工夫，自然不可同日而語。然則我們如何可說嵇康之玄理是由自然主義中發展而來的呢？

基於如此的理解，關於〈聲無哀樂論〉的玄理究竟應該如何詮釋出來，顯然還是個待解的問題。以下，筆者即擬提出一組概念，以嘗試對嵇康此文進行新的詮釋。

<h2 style="text-align:center">三</h2>

首先，筆者以為傳統樂論中的一組概念——亦即「聲、音、樂」的三分——是值得借用的，因為在筆者看來，事實上嵇康在〈聲無哀樂論〉中仍然預設了這組概念，而我們若藉由這組概念之釐清，也許能幫助我們找到詮釋此文之玄理的鑰匙，亦未可知。以此之故，我們當然有必要先說明這組概念。

在早期論樂的文獻中，聲、音、樂這幾個概念一直有著明確的界分，它或者採取二分的方式，如《左傳》泠州鳩云「音，樂之輿也」〔註18〕，《荀子》云「先王貴禮樂而賤邪音」〔註19〕，「齊衰之服，哭泣之聲，使人之心悲。……姚冶之容，鄭魏之音，使人之心淫；紳端章甫，舞韶歌武，使人之心莊。故君子耳不聽淫聲……。」〔註20〕即以聲音為一組，樂則為另一組。但這種分法，事實上也不排除聲和音之間微有一些差別。原則上說，聲音表示的是一般只以悅耳為尚的樂曲，而樂則表示動容周旋、中規中矩的雅樂。而若再作一些細分，則聲和音實各有所指，若依《詩序》和《禮記·樂記》的說法，便是「情發於聲，聲成文謂之音」〔註21〕，換言之，聲表示的是一些自然的音聲，音則是由聲組成某種曲式的樂音，以此而形成聲音樂的三分。這三分依《禮記·樂記》的說法是如此的：

> 人心之動，物使之然也。感於物而動，故形於聲。聲相應，故生變；

〔註18〕《左傳·昭公廿一年》。楊伯峻編：《春秋左傳注（修訂本）》（台北：洪葉文化，1993 年），頁 1424。

〔註19〕《荀子·樂論》。〔清〕王先謙：《荀子集解》（下冊）（北京：中華書局，1988 年），頁 381。

〔註20〕《荀子·樂論》。〔漢〕王先謙：《荀子集解》（下冊），頁 381。

〔註21〕《詩經·大序》。〔漢〕毛亨傳，〔唐〕孔穎達疏：《毛詩正義》（台北：藝文印書館，2001 年），頁 13。

變成方，謂之音；比音而樂之，及干戚羽旄，謂之樂。〔註22〕

樂者，通倫理者也。是故知聲而不知音者，禽獸是也；知音而不知樂者，眾庶是也。唯君子為能知樂。是故審聲以知音，審樂以知政，而治道備矣。……知樂則幾於禮矣。〔註23〕

聖人作為父子君臣，以為紀綱。紀綱既正，天下大定。天下大定，然後正六律，和五聲，弦歌詩頌，此之謂德音；德音之謂樂。〔註24〕

依此說，聲音樂實是層層升進的概念，由自然的音聲通過人文的處理，而能成一特定之旋律、節奏、和聲、音階、調式者則成音，這音復經一種「倫理」式之處理者則成樂。換言之，若比較外延地說，聲表示的是物理性的，音表示的是人文性的，樂則是尚必須在人文性之音底上面，再附加以某種價值性的考量之謂。這樣一種分野當然很容易讓我們聯想到《莊子·齊物篇》對「地籟、人籟、天籟」的區分〔註25〕（茲暫不論其內容意義，而只論這些概念的形式特徵），也就是說，此一區分無論是在儒家之典籍，抑是在道家之文獻上，皆是有共識的。

現在，依據上說這組概念的區分，筆者想先證明的是，此一區分仍是〈聲無哀樂論〉的基本預設，而這個預設即使在嵇康充滿滑轉的論證中，仍維持著一條清晰的脈絡。關於這點，我們且先看第一重問答中嵇康的說法：

夫天地合德，萬物貴（魯迅校本，貴應作資）生，寒暑代往，五行以成。故章為五色，發為五音，音聲之作，其猶臭味在於天地之間；其善與不善，雖遭遇濁亂，其體自若而不變也。豈以愛憎易操，哀樂改度哉？及宮商集化，聲音克諧，此人心至願，情欲之所鍾。〔註26〕

〔註22〕見〈樂記·樂本〉〔漢〕鄭玄注，〔唐〕孔穎達疏：《禮記正義》（台北：藝文印書館，2001年），頁622。

〔註23〕見〈樂記·樂本〉。〔漢〕鄭玄注，〔唐〕孔穎達疏：《禮記正義》，頁665。

〔註24〕見〈樂記·魏文侯〉。〔漢〕鄭玄注，〔唐〕孔穎達疏：《禮記正義》，頁671。

〔註25〕〈齊物論〉中所謂的地籟，乃指「眾竅」而言，這是指自然之和聲；人籟則是指比竹」，這是人通過器樂而成的樂音。至於「天籟」，莊子並未有明確的定義，而只說失吹萬不同，而使其自己也，成其自取，怒者其誰邪」，這意思似乎有些模糊；但若貫通上下文來看，則天籟和道樞，天鈞等等之義，皆是一致的，而它們都是通過「莫若以明」之工夫而呈現之精神境界，因此天籟自然是相應於這一價值而說的樂。關於天籟之疏解，請參閱拙作：〈齊物論釋〉（《鵝湖月刊》第229、230、232期）。

〔註26〕戴明揚校注：《嵇康集校注》（北京：人民文學出版社，1962年），頁197。

> 古人知情不可恣，欲不可極，因其所用，每為之節。使哀不至傷，
>
> 樂不至淫。……斯其大較也。〔註27〕

這段話無疑正是秦客和東野主人問答的主眼所在，嵇康也在這段中埋伏下了底下論辯的全部理據。不過我們先簡單看一下這一小段話，筆者之所以刻意將它區隔為三個小段落，其意圖當很明顯，我們幾乎不用說明，便可看出來它正相應著聲音樂三個層次。說聲之善不善不以哀樂易操，這自然是無可否認的事實；而音既是宮商集化，則人文世界之人情性便自然會進入到聲響之中；至於樂則是對音有所節度，使樂而不淫，哀而不傷，這和前述樂之「通倫理」的說法也很一致。所以說聲音樂之區分架構，仍是嵇康之預設，其證據力顯然是堅強而明確的。

而整篇〈聲無哀樂論〉之論辯，事實上即在這一架構中，循雙線而幾乎無交集地進行著。就秦客而言，他整個思路僅是集中在音之宮商集化底人情性上，他以為音中必然涵著人情性，所以他反對東野主人所持和聲與人情性乃是「異體相合」的論點。從客觀的角度來看，其實秦客的思路一直是單純而入理的，在這一思路中，他原不必去處理和聲的問題，當然理論上他亦不必反對和聲之客觀性。若要說秦客的思路真有問題，則恐怕只有一點，即他於樂無立場，或者更大膽些說，秦客似乎不太懂得該從那個角度來考量此一問題，他至多只泛泛知道有樂之移風易俗這一層次之問題而已。

但就嵇康而言，他似乎刻意想抹去音這一層次。綜觀東野主人的論辯策略，表面一層看，他只是企圖切斷音和人情性的必然連繫，而把人情性視為純屬外加的東西。繼而他在這一思路中，迅速將宮商集化之音滑轉而等同於只是單純的和聲。這樣的論辯方式，嚴格而言，當然是不合法的，當他說「言比成詩，聲比成音，雜而詠之，聚而聽之，心動於和聲，情感於苦言」時，顯然已不自覺地將「音」和「和聲」等同了起來，這當然會導致嚴重的混漫。再者，即使他想盡辦法要完全切斷音和人情性的必然關聯，亦終不免捉襟見肘，而終於露出破綻。如他所說：

> 五音會，故歡放而欲愜。然皆以單、複、高、埤、善、惡為體，而
>
> 人情以躁靜專散為應。譬猶遊觀於都肆，則目濫而情放；留察于曲
>
> 度，則思靜而容端。此為聲音之體，盡於舒疾；情之應聲，亦止於

〔註27〕戴明揚校注：《嵇康集校注》，頁197～198。

躁靜耳。〔註28〕

然則情既能以躁靜應聲，又如何不能以哀樂應之呢？〔註29〕

不過，如果我們跳過這表面一層的論辯不看，則進一步說，筆者以為東野主人尚有深一層的論證策略，即他企圖將和聲上提而和樂勾聯上必然關係，而這一層卻似乎正是前此所有論者皆不曾看到的所在。如他所說：

> 且夫咸池六莖、大章韶夏，此先王之至樂，所以動天地、怠鬼神。今必云聲音莫不象其體而傳其心，此必為至樂不可託之於瞽史，必須聖人理其絃管，爾乃雅音得全也。舜命夔擊拊石，八音克諧，神人以和。以此言之，至樂雖待聖人而作，不必聖人自執也。何者？音聲有自然之和，而無係於人情；克諧之音，成於金石，至和之聲，得於管絃也。夫纖毫自有形可察，故離瞽以明闇異功耳。若以水濟水，孰異之哉？

依這段話，表面上似乎嵇康所主張的至樂，僅只是指「自然之和」而言，若如此說，則「自然」之義當然就只是取物理性之自然義，但若真如此理解，則至樂義便顯然會被一併拖帶下來，而喪失了「動天地，感鬼神」之價值義，從而「樂」之意義亦告解消。筆者亦認為嵇康此處的說法確實甚不善巧，極易使人有如此誤解，但平心而論，若嵇康之實義真是如此，則他何以又言至樂必待聖人而作，只是不必由聖人「自執」呢？若音聲真只是物理性之「自然之和」，則根本就連作之概念亦不必有，又何必言待聖人而作？聖人又該作什麼呢？聖人只是效法「離瞽之明闇」嗎？此皆有不可解者。然則若嵇康的意圖仍是在證成樂可以移風易俗，而不是將樂的意義取消掉，那麼這段話應該如何理解？筆者以為，我們是不是應該考慮一下此一可能性，亦即嵇康的真實意思乃是將和聲作一上提之理解，以使和聲成為至樂之直接表示呢？從這裡，也許我們就可以找到理解此文的關鍵了。

〔註28〕戴明揚校注：《嵇康集校注》，頁216。

〔註29〕牟先生即曾批評說「聲音之體盡於舒疾，此舒疾為強度字，內可含有許多其他之色澤，不只是抽象之廣度字，舒只是舒，疾只是疾也。單複、高埤亦復如此。……故無論從聲音之體方面，或從情之應聲方面，皆不能因盡於舒疾，止於躁靜，而限制哀樂之由聲也。」參見牟宗三：《才性與玄理》，頁353。又依魯迅校本，於「而容端」上奪「專散為應。譬猶遊觀於都肆，則目濫而情放，留察於曲度，則思靜」等字。

四

　　依如上所述，我們乃必須積極考慮將和聲作上提式理解的可能性。但何謂「將和聲作上提式理解」呢？我們且看下面這段說法：

　　　　夫曲用每殊，而情之處變，猶滋味異美，而口輒識之也。五味萬殊
　　　　而大同於美，曲變雖眾亦大同於和。美有甘，和有樂，然隨曲之情，
　　　　盡於和域，應美之口，絕於甘境，安得哀樂於其間哉！

其中最值得注意的，便是此處所謂的「和」，若從曲變雖眾而大同於和處說和，則此和還能是指物理性之和聲嗎？從其對比於味之甘美，則顯然「盡於和域」之和，乃是對一境界之描繪，而不是對聲律之形容；此一境界自可「隨曲之情」而表現，而不必成為情之對反，亦不必如物理性之和聲底「和情不相干」，這是很顯然的。換言之，嵇康恐怕不自覺其概念之滑轉，而無意間將和聲之和轉成了和同曲變之和；也可能就在這滑轉中，透露出了他真正想表達的意思。筆者以為，當和由和聲之和轉成描述一境界之和時，事實上此一和字已脫離了狹礙的限定相，而成為一個精神性，價值性的概念了。這一轉變無論從那個角度來看，當然都是一種提升；而即由這一上提中，嵇康也許就得到了從他一連串不善巧的論證解套而出的可能性，何以言之呢？

　　關於這點，主要是由於從境界之和上，的確可以說出「安得哀樂於其間」的意思，而且這意思並不必建立在切斷音和人情性之關聯上。我們說和聲無哀樂，這無的意思乃是不相干，純物理性之和聲的確和主觀感情無涉；但當我們說境界之和的無哀樂，這無很可以是指一種超越義，它超越於哀樂之相對相，而成一更絕對之價值。對於這一理解模式，其實嵇康也有清楚的表示，他說：

　　　　夫會賓盈堂，酒酣奏琴，或忻然而歡，或慘爾而泣。非進哀於彼，
　　　　導樂於此也。其音無變於昔，而歡感並用，斯非吹萬不同耶？夫唯
　　　　無主於喜怒，無主於哀樂，故歡感俱見。若資偏固之音，含一致之
　　　　聲，其所發明，各當其分。則焉能兼御群理，總發眾情耶？由是言
　　　　之；聲音以平和為體，而感動無常；心志以所俟為主，應感而發。
　　　　然則聲之與心，殊塗異軌，不相經緯；焉得染太和於歡感，綴虛名
　　　　於哀樂哉？〔註30〕

〔註30〕戴明揚校注：《嵇康集校注》，頁 217。

這話不是很明白地表示了不能限制在某種「偏固之音」之上，而必須以超越之心來「總發眾情」嗎？這一義之和，當然不是和聲無象之和，而是至樂之和。很顯然的，這才是嵇康此文真正命意所在也。他說了半天和聲，也纏夾了一堆無謂的論證，其實不過只為了表達由「樂」的層次所說之和，說來是有些荒唐的。但荒唐歸荒唐，吾人若撥清這重重迷霧，則其實義依然是不可掩的。

然則由上述之說明，嵇康此之文「玄理」也就呼之欲出了。如果我們注意到「無主於喜怒」、「無主於哀樂」以及「心志以所俟為主」等說法，它們和〈養生論〉「愛憎不棲於情，憂喜不留於意」，〈釋私論〉「心無措乎是非」之說的一致性，便可很容易證明〈聲無哀樂論〉確有某種玄理的慧識。照牟先生的分析，所謂玄理，其基本的特徵即是訴之某種詭辭之作用的撥除，撥除之以入於某種無所執著的境界，這境界無疑是心性論上精神實踐的工夫〔註31〕，用莊子的話來說，即是因、任、順、逍遙、無待等等。而毫無疑問的，「無主」、「所俟」皆是同樣的意思，是詭辭式的詞語，是作用式的遮撥遣執的工夫也。如是，我們也就為戴璉璋先生的判斷補足了論證。

依本於此義，然後我們便可以很容易了解嵇康此文的結論。此文最後一段云：

> 夫言移風易俗者，必承衰弊之後也。古之王者，承天理物，必崇簡易之教，御無為之治。君靜於上，臣順於下；玄化潛通，天人交泰；枯槁之類，浸育靈液，六合之內，沐浴源流，蕩滌塵垢；群生安逸，自求多福；默然從道，懷忠抱義，而不覺其所以然也。和心足於內，和氣見於外。故歌以敘志，儛以宣情。然後文之以采章，照之以風雅，播之以八音，感之以太和；導其神氣，養而就之；迎其情性，致而明之；使心與理相順，和與聲相應。合乎會通，以濟其美。故凱樂之情，見於金石；含弘光大，顯於音聲也。……故曰：移風易俗，莫善於樂。〔註32〕

這段話很明顯地將樂界定在「為無為之事，行不言之教」這一詭辭式的境界

〔註31〕牟先生於說王弼之「以一為體為本」時云：「是以道家之無、自然為背景，依道家之路數，此一之為本為體，純由遮顯，故只能從外表描述其形式特性。」而此一形式特性，牟先生以為乃是儒道之共法，至於儒道之不同，則在「體之所以為體」，而其關鍵則在「心性」。可見這由遮顯之工夫，其基本依據仍是一心性論之問題。參見《才性與玄理》（台北：學生書局），頁102。

〔註32〕戴明揚校注：《嵇康集校注》，頁221～223。

之上，其中當然含著道家式的玄理，此玄理實為心上之遮撥，故曰「心與理相順，和與聲相應」、「樂之為體，以心為主」也。這是一面，它可說是「自境界」。另一面則是隨順世人，所謂「知情之不可放，故抑其所遁；知欲之不可絕，故因其所自。為可奉之禮，制可導之樂；口不盡味，樂不極音；挨終始之宜，度賢愚之中，為之檢則；使遠近同風，用而不竭，亦所以結忠信，著不遷也」這種「因任」之意，亦郭象所謂「使有待者不失其所待」這一「同於大通」之境界也〔註33〕。

換言之，在嵇康的想法裡，樂之作首先乃是一種「無聲之樂」，樂是無所為而為者，其間自然無哀樂之可言，而後則基於隨順眾生之需要，乃復宣之管絃，亦猶《莊子‧齊物論》「為是不用而寓諸庸」之義也〔註34〕。如此，其義亦甚明，也頗能表現出道家式之價值關懷，而為道家式之樂論的宣言。只可惜由於表達上偏要從這「價值義之和」滑向「和聲無象之和」，遂引生一堆無謂之繳繞。今筆者茲依「聲音樂」這組概念，以復此文之真面目，相信會對重新認識此文的價值，提供些微的助益。

（附記）此文完稿後，曾奉呈戴璉璋老師審閱，蒙老師賜覆，略謂本文文中論及老師有關嵇康一文之論點，頗有誤解，因此特別希望筆者於文末作一澄清。筆者為恐轉述失實，故特徵得老師之同意，將原函相關段落轉載如下，尚幸讀者諸君參照為感！

「拙作謂『嵇氏從氣化之本然這裡說音聲之自然，又從音聲之自然這裡說和，說聲音之體。』此處氣化、本然、自然、與和，不可分割，所謂氣化，其於萬物，生之化之即賦予和理，和理乃物之體性。因此私意以為嵇氏思想中自有一種特殊之氣化本體宇宙論，可與老莊之思理遙相呼應。於此說自然，必涵和理，故不同於所謂『素樸的自然主義』之自然。拙作從未使用『自然主義』一類詞語，更與唯物論無關，不宜曲加附會。拙作謂嵇氏之和聲，實為一

〔註33〕郭象此說見〈逍遙遊〉注，原文作「夫唯與物冥而循大變者，為能無待而常通，豈獨自通而已哉！又順有待者，使不失其所待，所待不失，則同於大通矣！」這兩面正相當於文中之兩種境界。〔清〕郭慶藩：《莊子集釋》，頁20。

〔註34〕〈齊物論〉於論「成毀」這組對偶性概念時云：「唯達者知通為一，為是不用而寓諸庸」，後面又云：「是故滑疑之耀，聖人之所圖也。為是不用而寓諸庸，此之謂以明」，滑疑之耀即是指「無成與毀」這一類遮撥式的弔詭之言，「為是不用」者，即此弔詭亦須再來一次弔詭，以化除其詭辭相，如是「成毀」仍可說，此之謂「寓諸庸」也。以上引文見〔清〕郭慶藩：《莊子集釋》，頁70、75。

種『能呈現平和之體的音聲』，於此說『自然之和』，亦非如大作所謂『只是取物理性之自然義』。嵇氏之和聲，在五聲、八音中呈現，在聲音的猛靜、曲調的變化中呈現，並非只限於所謂至樂。今大作將和聲之和歸於物理，將至樂之和歸於人文，雖層次分明，免去許多繳繞，然是否合乎嵇氏本意，尚須再酌。嵇氏將聲音、音聲，以及至樂等詞語錯雜使用，是否如大作所說，可作聲、音、樂三層區分，亦大有問題。吾人解讀前賢論著，宜順其本意，盡量先作同情之了解，不能『立理以限事』，凡不合自己所立之理者，皆斥為論說之『不善巧』，『有滑轉』等等，慎之！慎之！」

依戴老師所作之澄清，則筆者必須承認，前文中的相關詮釋，確有誤解，筆者並未慮及老師之說「和理」，乃是套在另一套形上思維中，因此只依一般說之氣化宇宙論來解讀老師的語脈。這當然也源自筆者一直以為老師仍遵守牟先生「境界型態之形上學」之規範的原故。如今老師既指出這點，則筆者自應負責，並向老師深致歉意。惟筆者亦在想所謂「氣化本體宇宙論」究竟可不可能建立？如何建立？「和理」真是一個本體論的概念嗎？「氣化」一詞和「本體宇宙論」一概念可相結合嗎？對於此一論證，筆者確有不小的疑慮，也很難想像道家真是奠基於這套形上思維之中。對於道家，迄今為止，筆者仍認為牟先生的規範是較近理的，本文也只是企圖貫徹此一規範，以詮釋嵇康而已。老師在原函中說擬在日後針對「氣化本體宇宙論」作一論證，筆者十分企盼老師的構想能夠掃除筆者的所有疑慮！

收入《中國學術年刊》（第十八期，1997 年 3 月），頁 159～173。

樂理與玄理之間——
對吳冠宏教授〈聲無哀樂論〉詮釋之商榷

　　近年來，嵇康的〈聲無哀樂論〉似乎突然成了顯學，不只討論的人多，而且整個關注的範圍也早跳出了魏晉玄學的範疇。隨著美學的受到重視，許多學者直覺地認為可以從這篇文章中建構一種特殊的音樂美學。這看法當然有其道理，可是無論如何，所有這些努力顯然還是必須建立在準確詮釋這篇文字上，否則就會失掉了討論的意義。然而就這點而言，今天所有對這篇文字所做的詮釋，真的已經足以承接後續的討論了嗎？

　　就我的知見所及，這幾年在此一問題上，最有份量的討論，大概應屬吳冠宏先生的研究了〔註1〕。由於吳先生某種程度上，幾乎是以我的說法為主要的論敵，為酬答吳先生的尊重與厚愛，因此我近來的研究重心雖已轉移，仍願藉此次研討會之便，做一正式之回應，以便能為此一論題的推進，略盡綿薄。

　　我說吳先生的相關討論，乃是近年來最有份量的說法，主要是基於他所說的〈聲無哀樂論〉的三層次結構，這個結構看起來是最能綜合近年以來對嵇康這篇文章各個面向之詮釋的。吳先生首先將這些年來關於此文的詮釋，歸結為兩個向度，一是「客觀主義論」，另一個則是「主體實踐論」。這樣的歸結基本上我沒有異辭。就第一個向度言，他和我一樣，基本上都反對純粹採

〔註1〕吳先生的研究主要見於他的《魏晉玄義與聲論新探》（台北：里仁書局，2006年）一書中之〈當代聲無哀樂論研究之三種論點商榷〉和〈鍾情與玄智的交會——嵇康聲無哀樂論之理解新向度〉兩文。

取所謂「客觀主義論」的詮釋方式，也就是說我們都反對只將嵇康的主張定位在對音樂客觀形式之強調上的理解模式。可是他將我的說法定位為所謂的「主體實踐論」的代表，認為我主要在強調此文仍應歸於玄理實踐的脈絡，並徹底排斥前一向度的詮釋，但他認為還是有必要照顧到音樂的客觀面向，這如果用我的話來說的話，即是必須調和玄理與樂理。因此他並不贊同我所說嵇康此文中存在著玄理與樂理的矛盾，他覺得這是可以整合起來的，於是他乃借用了正反合的辯證題式，而將之表述為下列三個層次：

（一）破：聲情分判，各定其位——聲情異軌，不相經緯；和聲無象，哀心有主。

（二）立：和樂似道，宣發眾情——無主哀樂，總發眾情；至和之聲，發滯導情。

（三）合：主客相濟，共臻道境——隨曲之情，盡於和域；樂之為體，以心為主。〔註2〕

這很顯然地就是將所謂的「客觀主義論」放在「正題」的地位上，而將「主體實踐論」放在「反題」的位置上，並以其所謂的「主客相濟」之說放在「合題」的地位上，從而可以顯出它綜括性的超越地位。吳先生自述他總持性的看法云：

筆者認為理解與評價〈聲論〉，皆當重回「主客並重」的立場，〈聲論〉不論在「聲音客體」的發顯上或「主體生命層域」的深會上都展現出不容忽視的成績，「客觀主義論」與「主體實踐論」雖各有其立論之取向與用心，然片面的強調都易滑落了〈聲論〉立足兼融於「聲」（客）與「情」（主）的旨趣。嵇康一則分判聲情，使情歸情，聲歸聲，一則又滌情顯氣，使主客體相離於「哀樂之情」卻於「躁靜之情」處相即，可見定位〈聲論〉，不僅在辨異「聲」與「情」，也必須辨異「情」之「哀樂」與「躁靜」，進而在更高的層次——「道」上玄同主客，使主體之心與客體之聲皆能以「氣」通「道」，玄化於至和之理境。「客觀主義論」意在援引西方客觀性的學問格局來凸顯〈聲論〉的殊旨別趣，如此片面強調嵇康的「辨異」性格，反而易忽視〈聲論〉依舊是中國天人心物合一之文化心靈下的產物；至於「主體實踐論」，全然收攝於主體實踐的面向，無意間便淡化了〈聲

〔註2〕吳冠宏：《魏晉玄義與聲論新探》，頁216～217。

論〉主客辨異下揭示音聲客觀面向的價值，而偏立一端的兩者，必然無法體認到〈聲論〉在主客辨異對治進而玄同冥合的辯證過程中所形成更深一層的關照，依此可見在〈聲論〉的理解定位上，主客兩端皆有兼攝齊觀的必要。〔註3〕

吳先生這樣的講法，的確頗合於他的性情，他意欲和會兩端，處理矛盾，此一用心甚至可能大於另立新說的企圖。然而問題是吳先生這樣的綜合，究竟可不可能成功？他對我的說法之評判，究竟有沒有道理？

要想討論這個問題，我們當然得先了解一下吳先生的論據。吳先生架構他的三層次詮釋，主要是依據如下的幾個想法：

第一：從比較存有論的角度上說，他以為嵇康基本上顛倒了從〈樂記〉以來在價值層次上層層遞進的「聲、音、樂」的架構，轉而為此一架構的逆退形式，亦即成為一種「樂、音、聲」的架構，這是因為嵇康基於道家的立場，轉而肯定「聲」在存有論意義上的優位性所致。他說：

> 嵇康所謂「聲無哀樂」之「聲」，其實正是以音樂組合的基本要素材料來涵蓋音樂的，故每試圖擺落外加於聲音的其他因素（詩、舞、禮），以顯現一種對音樂本身的自體性觀照，由是其「音」與「樂」自可分解成「聲」，乃統貫聲—音—樂而加以純粹之，遂形成「樂→音→聲」探本尋源的進路，因此嵇康將聲音的產生推源至天地陰陽之氣的匯合交感，而大不同於〈樂記〉的「心物交感」。

> 在音聲的溯源上，嵇康從天地自然中去找尋音樂的根源，主張聲音產生於天地陰陽五行的變化，有著「不變的自體性」，故其「善與不善」不受人類之政治與社會的影響，使聲音得以從人心、教化的籠罩制約中超拔出來，以重獲其獨立的生命。〔註4〕

這是說聲音源自於自然，因此而有別於〈樂記〉由人文教化之發展的進路所說的音樂思想。而這樣的思想所反映的正是從莊子「天籟說」所一脈而下的道家精神。在他看來，這是一種解構，即通過解構人文以復返自然，以此，聲音乃能相應到「道」的地位，同時展現出一種道家所謂的「無」的精神。

第二：在上述的存有論立場下，他乃有另一種從「躁靜」而說的音樂認識論的看法。在他看來，嵇康所說的聲無哀樂，只是否決了人情性的哀樂，

〔註3〕吳冠宏：《魏晉玄義與聲論新探》，頁222。
〔註4〕吳冠宏：《魏晉玄義與聲論新探》，頁191。

但嵇康又從躁靜這一向度上，重建了音樂與情的關係。他說：

> 嵇康指出聲音之體在「殊疾」，故其作用只在「躁靜」，安得「哀樂」
> 於其間，這是一種「辨異」，強調聲音在此（躁靜）而不在彼（情感），
> 意即躁靜是聲音造成的作用，與人之喜怒哀樂不同，喜怒哀樂是人
> 的情感表現，而躁靜卻是受聲刺激下所呈現的氣動氣應。〔註5〕

這也就是說躁靜是源自於聲音之受陰陽氣動的感應，而於人身上所興起的一種反應，它和由人情而來的情緒波動，是沒有關係的。而且我們唯有能夠撥除喜怒哀樂等人情之干擾，乃能真正進入這種躁靜的氣動感應之中，從而得以進入嵇康所說的「和域」。而這種撥除喜怒哀樂的努力，在他看來，即是道家最核心的修養工夫所在，所以他說：

> 莊子心齋中「耳→心→氣」是一自我不斷純化虛靜的過程，藉由主
> 體修道工夫的實踐，當到達「聽之以氣」時，所聽已不限於耳與心，
> 耳與心非無感無聽，亦非有感有聽，乃是一種渾然虛空下的全體之
> 聽，大大超越了人之感官所能給我們的外在線索，它的感知是豐沛
> 全然的，嵇康所謂「終得躁靜」亦然，當我們聆樂至全然虛空平和
> 之境，一似聽之以氣般，擺落感官私情的紛擾與心知的思慮，心如
> 靈府，氣聚神凝，集虛待物而有神妙之用，如虛舟般隨著聲樂之波
> 動而波動，全然化於樂境之中，至此，方是忘「俗情」以入「聲情」，
> 從「情志之大域」轉向「純美之和域」。〔註6〕

這裡，他很清楚地運用了莊子心齋的工夫，來建立他對聆賞音樂的認識論與工夫論，而綜合上述，我們也可以很清楚地看到他三層詮釋架構的理論發展模型。

第三：在上述兩點想法之外，他還提出了一個頗有新意的觀點，即認為嵇康此文還存在著一條隱伏的線索，他以為應該將這篇文章放到一個更大的「情」的脈絡中來看，只有在「鍾情與忘情」這樣的辯證關係中，才能看到這篇文章的更高理境。很顯然的，他的這一想法，乃是希望將嵇康此文放到一個更大的歷史脈絡裡，以讓這篇文章在整個玄學發展中，扮演更重要的角色。他說：

> 嵇康雖以聲為道，但並非帶著睥睨一切的姿態，獨鍾於音樂之純美

〔註5〕 吳冠宏：《魏晉玄義與聲論新探》，頁205。
〔註6〕 吳冠宏：《魏晉玄義與聲論新探》，頁206～207。

而無視於人心之存在，這種「為藝術而藝術」及「藝術至上」的態度，自與立足於關懷主體生命的嵇康不同。在第三層的聲情關係「合：主客相濟，共臻道境——隨曲之情，盡於和域；樂之為體，以心為主」中，我們看到「人心」與「聲音」的再度遇合，在「道」的照明之下，不僅對所癖之「物」（聲）形成一自體性的觀照，主體之「我」也在「隨曲之情，盡於和域」的渾然忘我之際，體現了忘情以契道的理境，可見嵇康分判聲情並非截斷主客之關係，而是透過對哀樂的反撥，使主客之間得以有更高的會通與玄同。〔註7〕

這也就是說，通過聆賞音樂之各種高埠之殊相，所引至之躁靜之情，其間所聯繫到的工夫，不只是出入於音樂之聲情而已，同時也是聯繫主體生命之鍾情，並將之導入忘情的關鍵，這樣一來，他就能將這篇文章引入整個玄學最重要的主題之中，並讓它表現出魏晉這一時期所有文人最重要的生命姿態。同時，就在這「鍾情與忘情」的來回辯證關係中，也可看出嵇康那精采的「玄智」表現，這一玄智的內涵，也就完整地相應於玄學那遊於「有無之間」的趣味。

以上就是我對吳先生關於嵇康此文之想法的簡單重述。如果這一重述尚不離譜的話，則我們便會看到，他對「躁靜」的講法，是最具關鍵性的一個論點。如果說他這樣的講法可以成立的話，則上述講法的確可以成為對嵇康此文的圓滿詮釋，同時也可以是現有詮釋的最好綜合。但問題是這樣的講法真的可以成立嗎？在我看來，從嚴格的論證上說，很不幸的，上述的講法其實存在著好幾重滑轉，如果我們能把這幾重滑轉找出來的話，上述說法可能就會面臨崩潰的局面。以下我即想指出這些滑轉之所在。

首先，我覺得吳先生區分「躁靜」與「哀樂」在情這個概念上的不同，這區分是有意義的，從這裡的確可以講出一套客觀的音樂美學。對這點，吳先生並沒有進入到真正的論證中，但他這個講法，如果單純來看，其實並不算錯。關於如何從躁靜說這條路數來論證一套音樂美學，其實近人早已經注意到漢斯立克（E. Hanslick）音樂之美有其客觀的一面，而無涉於主體感受的說法，並且引用漢氏的論證，來支持嵇康此文的觀點〔註8〕。對於此一論證，我

〔註7〕 吳冠宏：《魏晉玄義與聲論新探》，頁225。
〔註8〕 最早提及嵇康和漢斯立克之關係的，可能是錢鍾書先生吧！請見錢鍾書：《談藝錄》（北京：生活·讀書·新知三聯書店，2008年），頁348。此後包括蔡仲德《中國音樂美學史》等都如此說，而張節末的《嵇康美學》則是最詳盡

在拙作《歷史的嵇康與玄學的嵇康》中，也有詳細的引述，其實吳先生上述的相關講法，並沒有超出這一範圍，而且相信吳先生也會接受漢氏之論證，以為他建立他的躁靜說之論證基礎。由於相關說法已全在拙作中，現在我也沒有更新的看法，所以此處我也不再多所贅述。總的來說，我曾如是講道：「從審美主體上說，吾人亦可對音樂採取一種評價，但漢氏以為，這一審美的評價並非來自於音樂家或聽眾自己的主觀情感，而是來自於一種『純觀照活動的幻想力』……這也就是說，我們不是把自己的情感參與到樂音的律動中去，而是單純通過對樂音律動形式之觀察，來對音樂進行審美的評價」〔註9〕，「漢氏此一由幻想力以傾聽音樂的說法，它和嵇康之由『躁靜專散』而說音樂之聆賞，確是如出一轍，而我們亦的確不能將躁靜等等視為是情感的表現，它時再只是一種對律動之觀照也。由這樣一種傾聽的方式，它自然會要求於審美主體，必須儘可能以虛靜的方式隔離自我情感的糾纏，以進入某種純粹觀照的境界，於是它也必然會引出某些工夫論式之要求。」〔註10〕這樣的講法，和上述吳先生的講法之間，應該是很近似的吧！

可是，問題也就出在這個地方。上引的講法，是一種我所謂的「樂理」之說明，但這種講法真能如吳先生所說的，銜接上玄理嗎？這裡恐怕有兩個層次的麻煩在。第一，從躁靜這一層次所說的和聲之自然，和玄理所說的自然，這兩個自然概念會是一回事嗎？其次，於聆賞音樂時所需要的虛靜工夫，和道家所說的虛靜工夫又是同一回事嗎？如果依照吳先生的講法，它們顯然是一回事，否則他的說法就連貫不起來了，可是說它們是一回事，這真有道理嗎？

就第一點而言，由和聲所說的自然，意味的是音律本身的和諧性，對這和諧性，張節末先生曾如是說：

> 自然作為審美的對象，它具有客觀的規律性，這是自然美的基礎。當人們對自然進行審美觀照，直觀地意識到自己已經把握了自然的規律，就會產生自由感。這種自由從本質上講是合乎自然規律的自由。〔註11〕

的。可詳參蔡仲德：《中國音樂美學史》(上海：人民音樂出版社，2003 年)、張節末：《嵇康美學》(浙江：人民出版社，1993 年)。

〔註 9〕詳見拙作：《歷史的嵇康與玄學的嵇康》(台北：文史哲出版社，1997 年)，頁 189。

〔註10〕詳見拙作：《歷史的嵇康與玄學的嵇康》，頁 190。

〔註11〕參見張節末前引書，頁 11～12。

對於此一講法，我在前引拙作裡，曾有如下的評論：

> 在聆賞音樂時，通過對樂音運動形式之把握，以進入自然之和時，即完成一種對音樂之自然美的審美，並由織而體會到一種自由之感。但這說法是有問題的。依康德的說法，能把握到自然之規律性，至多只能產生一種合目的感，它並不是什麼自由感。在合乎自然規律中，其實是沒有自由可言的。換言之，如依我們前文所曾提過的莊子之自然義來看，則「自然之和」恰是一種「他然」，它和玄理所意指之自然，恰成一種背反關係。換言之，由樂理而說的「自然之和」根本就和由玄理而說的「自然」無法相容。〔註12〕

此即是說，由和聲而說的自然，和玄理之自然根本就是衝突的兩回事，這兩個概念不只不相容，而且從某種意義上看，根本就相背反。玄理之自然是通過主體的完全蕩相遣執，是心靈的徹底自由之下所呈顯的完全自在之境界，這焉可混同於自然律之和諧。所以說，我覺得吳先生在這裡實有第一重滑轉，而且正是這意義的滑轉，讓他在存有論上以為「聲」可以具有優位性，也讓他以為只要把握躁靜與哀樂的區別，便可以在認識論上讓嵇康此文扮演溝通音樂與玄理的角色，但是我們只要拆掉了此一滑轉，便會立刻發現吳先生想法中的盲點，從而讓他的三重詮釋架構陷入重大的危機。

其次，從工夫上說，於聆賞音樂時所需要的虛靜，嚴格來說，只是對一些外在情感牽纏之撥除，如果用比較輕鬆的說法，那只是對某些外在情感內容的暫時遺忘，以進入某種專注的樣態裡而已。這樣的遺忘和專注其實根本還談不上是什麼工夫修養，它也不必相應於什麼樣的人格境界，由此而言，這種虛靜和道家的虛靜工夫，又有什麼類似之處呢？道家的虛靜工夫，純是心念上事，無論是心齋也好，坐忘也好，這「忘」的工夫，是不著一字，盡顯風流，惟念念自在，然後可顯工夫，再由工夫以積累成人格的境界，這又哪裡只是遺忘世俗的牽纏、專注於音樂之律動而已呢〔註13〕？於是，我們由此乃看到了吳先生的第二重滑轉，因著「虛靜」的簡單字面意義，而輕易將聆賞音樂的專注，滑轉而為道家的境界修為，這當然必定會造成他在詮釋上的走樣了。

〔註12〕詳見拙作：《歷史的嵇康與玄學的嵇康》，頁193。
〔註13〕有關道家所說的詭辭式的「忘」與一般所說的「遺忘」之忘，這之間哲學上的差別，牟宗三先生在他許多著作中，早有詳盡的分析，茲不贅引。

　　而若前面兩個滑轉乃是事實，則吳先生對「鍾情與忘情」這樣的一組提法，至少在嵇康這篇文字裡，便不可能提供其詮釋的基礎。對音樂的鍾情，可以是情感上的無限欣趣，也可以是最深的專注，但這些都不足以直接導入道家所說的忘情。於是，我們上面所簡述的吳先生之幾個想法，看來便都完全落空了，而他希望藉助三層結構以為詮釋嵇康此文之基礎的企圖，便也不可能達成，然則這該怎麼辦呢？

　　對於吳先生此一詮釋努力的失敗，我認為它主要的原因，還不在上說的一些論證上的問題，而是他對調和各家說法的企圖太過強烈所致。坦白說，嵇康此文確有太多不可解的地方，截至目前為止，各家的說法大約都只能各自講通文本的一部分。而對於講不通的部份，有些當然可以很清楚地指出其間邏輯的問題，以此而歸諸嵇康自己思理上的瑕疵，可是即使把這一部分剔除，也不一定就能把全文講通。吳先生當然看出了這一點，所以他想創造一個方式，以使看來講不到一起的部份，也能夠有一個方法，把它們連貫起來。就這企圖而言，他的努力的確是可感的，此所以我要說他的作品乃是近幾年來最具份量之作品的緣故。可是無論我是多麼同情他的努力，失敗畢竟還是個殘酷的事實，我們還是該問，那是否意味著這樣的努力已經沒有可能了呢？

　　對於這個問題，我個人的看法，的確不是十分樂觀，雖然從詮釋的方法論角度來看，放棄此一努力，似乎不是很正確的作法，但是我仍然認為我們有必要，而且有理由視嵇康這篇文章存在著「樂理與玄理的基本矛盾」，而不必試圖去彌合其間顯著的矛盾現象。關於我的想法，已然詳述於前引拙作中，茲不贅引。簡單說，我認為要想理解嵇康此文，必須要有兩個前提，首先我們要知道的乃是嵇康思想的內部，從一開始，就存在著明白的「歧義」現象，這並不僅只〈聲無哀樂論〉為然〔註14〕。此一歧義現象，主要即集中在「自然」這個概念上，有時自然會意指和人文相對的大自然，即英文的 nature 之意，有時則又意指道家之自然義，也就是自在的精神境界義，這一意思又是高度人文性的。我們必須時時警覺嵇康行文中的文義脈絡，否則即容易走失嵇康的創造性所在。在我通觀嵇康的所有作品後，基本上認為只要他是依據

〔註14〕我在前引拙作中，曾以〈釋私論〉為例，分析了嵇康使用自然這一概念時所出現的明顯歧義現象，而且我也證明了事實上這是嵇康作品中的普遍狀況，而非孤證。詳見拙作，頁 13～18。

非人文性的自然義時，他所表達的思想就不是太具有正面意義，也和道家思想無關，可是只要他一回到人文性的自然義時，他的思想就充滿了莊子的精神，也可以展現出高度的創發性，這現象是很有意思的。而我們若能循此脈絡來進入嵇康此文，便也可以比較清楚地簡別出這篇文章比較具有創發性的所在。

此外，我也指出另一個前提，亦即這篇文章仍應放在〈樂記〉「聲、音、樂」三分的架構裡來理解。吳先生認為嵇康意在挑戰此一傳統結構，這說法的問題已如上述。簡單說，那出於大自然的「聲」不可能具有存有論上的優位性，雖然嵇康的某些語脈，是會給人錯覺，但若說嵇康此文是在放棄人文性的樂，而去追求純自然的聲，這乃是說不通的，更何況嵇康的許多語脈，比如說「宮商集化，聲音克諧，此人心至願，情欲之所鍾」、「古人知情不可恣，欲不可極，因其所用，每為之節；使哀不至傷，樂不至淫」之類，也只能放在人文性的脈絡裡才能理解，這又如何能忽略呢？

可是這樣的理解，的確是要付出代價的，這代價就是我們必須放棄以「樂理」的模式來詮釋此文。我的意思並不是如吳先生所說，忽視了音樂的客觀和諧性，我承認嵇康此文許多關於「和聲」的論述，如果孤立起來看，確與漢斯立克頗有異代同調的趣味，可是這是指孤立地看這篇文章而言。但任何一個文本都必須放在一個特定的歷史脈絡來看，因此，如果我們真的認為嵇康所關注的論題，乃是由養生（這論題是有當時之時代性的〔註15〕）所引發的玄學論題，以及音樂如何能移風易俗（這問題也是有當時之特殊關懷的〔註16〕）的問題的話，便不應該切斷這個歷史脈絡，而孤立地去談某一個「前無古人，後無來者」的論題。這並不是個可不可能的問題，而是從詮釋學所說的整體脈絡性來看的。所以我的意思其實只是說我們必須做一抉擇，這抉擇即是說必須在上述兩個前提下，將有關於音樂之客觀和諧性部分的論述，暫時擱置，因為如果我們不擱置這個部份的話，則如前所述，就會導致無法

〔註15〕養生問題乃是嵇康當時社會上的一個重要課題，主要是由於道教興起的影響，這是無待多所說明的，從《太平經》的普及，何晏的服食寒食散，這些都可證養生觀念的普及。

〔註16〕音樂問題之所以在當時成為重要問題，而且集中在音樂與移風易俗的問題上，這是有原因的。據王葆玹先生《正始玄學》的考證，這是因為魏明帝時，卞蘭和高堂隆對音樂作用的爭論而起的，當時重要的學者幾乎無不投入此一論戰之中，其中至少就包括阮籍、劉劭、夏侯玄等知名的人物在內，所以嵇康也會以此一論題為核心，這是一點都不奇怪的。

關連到玄理，還有一個重大問題，那就是將無法關涉到移風易俗的問題，因為如果照客觀主義論的講法，要想進入到音樂的純美世界，便必須摒絕一切主觀情感的介入，這也就是說審美者必須暫時讓自己進入某種隔絕的狀態，在這狀態下，審美者當然也暫時與社會是隔離的，這也是為什麼漢斯立克要根本否決音樂的社會功能的緣故〔註17〕，那麼在這狀況下，又有何移風易俗的命題存在呢？若是如此一來，豈非要付出理解上的更大的代價？所以說我並非要刻意忽視音樂客觀和諧性的面向，嵇康此文也並非不可以和這一面向的詮釋相溝通，只是基於整體的詮釋脈絡，我卻必須有所抉擇，甚至某種意義上，我必須將嵇康關於「和聲」之「客觀自然」面向的說法，視為「不審不諦」之辭（這不審不諦不意味是錯，而是他並未自覺到這樣的想法已然偏離了他思想的主軸，因此就算它孤立來看，也的確自成一套思理，或者這套思理本身也有另外面向的價值，但只要它不能相容於其思想的主軸部分，便仍然還是有問題的），而予以擱置，以便能從其他的文本脈絡中，讀出此文對玄理的貢獻。這也就是說我不企圖化解玄理與樂理的矛盾，我覺得這是沒有必要的，對嵇康而言，一個具有原創性的心靈，在他思想中留有一些矛盾，未必就是缺點，但重點是我們一定要找到他的原創性所在，而不要為了從他思想中非主軸的觀點，去開出一些新詮釋，結果卻掩蓋了他思想的原創性，或者做了一些不恰當的化解矛盾的舉措，以致走失了他思想的精華部份，那可就得不償失了！

因此，如果我們回到上述的兩個前提，來重看嵇康此文的話，則嵇康只是在傳統樂論的框架下，將移風易俗所需要的價值論基礎，從道德論題上轉移到「和」這個概念之上，而「和」所意指的乃是某種主體的「自足無待」之境界，而不是音樂的客觀和諧性這樣一個音樂本體論的概念，於是他也就因此而接上了莊子對「天籟」的講法，天籟也就是嵇康所說的「無聲之樂」，而他也就在無聲之樂中將之還歸到了玄理層次的問題。我在前引拙作中如是說：

> 無聲之樂原不該直接由樂理之「和聲無象」上來理解，無聲之無顯然乃是詭辭之遮撥義，換言之，無聲之樂不是一個客觀義上純然律動之和諧，而是直接繫屬於主體，由主體之自足無待這一價值實踐

〔註17〕漢斯立克有關音樂審美不應和道德影響之間構成任何關係的討論，請見氏著，楊業治譯：《論音樂的美》（上海：人民音樂出版社，1980年），頁85～96。

而反顯之樂的境界，這也才能說「樂之為體，以心為主」，否則「心」
之義必將落空也。根據此義，主體自在自足的價值自覺才真是樂之
移風易俗論的主眼所在，而審美意義上所說的樂的自然之和遂只成
此一主體自覺的表現而已。〔註18〕

我覺得這樣的思路才真能銜接上嵇康在玄學中的地位，而吳先生的說法，則
只是將嵇康拉離開此一地位而已。所以說，就嵇康文本的詮釋而言，客觀主
義論的確是個不恰當的詮釋方向，但試圖調和客觀主義論和主體實踐論的說
法，也一樣是不恰當的。因此，就目前所有的嵇康文本詮釋言，我仍持敝帚
自珍的看法，覺得我的詮釋觀點恐怕還是比較理想的觀點。至於我的詳細論
證，就仍請參考拙作了。

　　不過，我覺得我拙作裡有一個觀點是不太正確的，我曾如是問說「樂的
玄理這一層次可不可能，或又當如何落實到樂理這一層次上來呢？」對這問
題我說我實在想不到可能性在哪裡。但是現在我以為我這問題本身就問得有
問題，如果我是想問如何在音樂的樂理上就要涵蘊著玄理，那這問題恐怕就
根本弄錯了，所以我會想不到可能性在哪裡。因此我們現在恐怕得先弄清楚，
所謂把玄理落實到樂理上，這話究竟意指著什麼？其實就方法論的角度看，
玄理所談的是意義層次的問題，樂理所談的則是聲音之實然面的問題。意義
問題牽涉的是理解與詮釋的問題，聲音之實然面的問題則有其客觀的規律性，
以及由這規律性所引發的心理層面之感受的問題，這兩個層面的問題其實基
本上是不相涉的。不過雖說是兩個層面不相涉，但卻未必不相容，所以如果
我們真的要具體地在音樂中實踐玄理，就得要找出既知兩者之分，又可以相
容的講法。這樣的講法當然不在嵇康文本的脈絡中，但我們其實是可以視之
為與嵇康論點相涵的。在我看來，吳先生正是沒有注意到這兩個層面的差異，
以致他沒注意到分合問題，而想直接由樂理的層面便跨向玄理的層面，從而
引生出了許多理論上的困難。當然，如果從源頭來說，則嵇康自己便給了許
多錯誤的訊息，這恐怕也得負些責任吧！

　　若是如此的話，則跳開詮釋上「樂理與玄理的矛盾」的問題，也就是如
我們上面所談的，對嵇康此文之詮釋，一方面以視之為不審不諦的方式擱置
對樂理的討論，而直接論其玄理的層面，另一方面，我覺得也有一個方式，
可以很輕巧地解決玄理如何具體表現於音樂上的問題，而不至於如拙作一

〔註18〕詳見拙作：《歷史的嵇康與玄學的嵇康》，頁206。

般，予人以切斷了音樂與玄理之關係的感覺。這方式即為為此文添加一個「遊」的概念〔註19〕。這是一種增字做解的詮釋方式，嵇康此文當然並不曾提及這個概念，但嵇康對這個莊子式的概念，絕對是不陌生的，他在〈養生論〉中「愛憎不棲於情，憂喜不留於意」中「不棲、不留」的說法，其實就是一種與莊子所謂「遊」相通的「遊戲三昧」的概念。我之所以要引入這個概念，主要是要說明我們可以藉助「遊」這個概念，讓所有音樂的欣賞都立即可以提升上來，同時具有玄理上的意義。這也就是說，我們依然可以欣賞音樂，但是我們既非因著音樂而有情感上的感動，也非純然專注於音樂和聲客觀之和諧豐美，而是以一種無執之「遊賞」，對於音樂之旋律讓自己處於聽而無聽之間，聽是聽其旋律，無聽則是聽其意義，後一種聽，既是一種對旋律意義的詮釋，也是一種生命上的實踐，如是，旋律之和美是一回事，我們亦不否認有所謂客觀的音樂和諧性之存在，但在遊賞中，我們早已超越於旋律之上，而成對玄理意義之體證了。換言之，遊賞既是聆聽，也是詮釋，它同時完成了意義面與實然面兩個層次的工作，也綜合了兩種原本不相涉的工夫，亦即遊賞既是對和聲豐美之品味，也是超越和聲而入於「和聲無象」之無執境界的主體實踐。這樣一來，就也無所謂樂理與玄理的矛盾了。要知道，這不是和會兩者，也不是將樂理與玄理視為是某種辯證性的關係，而是將之歸於兩個層次，讓它們各安其位，互不混淆；這看來反而比較像是康德解決第三和第四兩個二律背反問題的模式。在我看來，這恐怕才是對此文所謂「和

〔註19〕歷來說莊子之「遊」的文章，大概無慮千百了，此處實在不煩殫舉。簡單說，從〈逍遙遊〉開始，一般人們便都能略說說遊的意思，亦即一種全然自在的生活態度與方式。徐復觀先生《中國藝術精神》便說「莊子只是順著在大動亂時代人生所受的像桎梏、倒懸一樣的痛苦中，要求得到自由解放。而這種自由解放……只能是求之於自己的心。心的作用、狀態，莊子即稱之為精神，即是在自己的精神中求得自由解放……莊子把上述的精神地自由解放，以一個『遊』字加以象徵。」徐復觀：《中國藝術精神》（台北：台灣學生書局，1992年），頁61。這也就是將遊字放在心靈的完全自由上說。我們一般也都是如此理解。但是若進一步說，這遊的自在在心靈中是如何完成的呢？這又未必說得清楚。在我看來，最能把「遊」字之精采講出來的一句話，大概還是〈應帝王〉的那句「游心於淡，合氣於漠，順物自然，而無容私焉」，這是一種心靈上的「淡漠」，所謂淡漠，當然是個詭辭式的講法，也就是心中不執著什麼，這樣也可以，那樣也無傷，只是一個物來順應而已，故曰「順物自然」也。如果我們把這意思放到嵇康這篇文章裡，則遊字也不過只是一個「順音之自然」而已，能順音之自然，就能進入音之「和域」了，這樣的理解不是很合於嵇康此文的脈絡嗎？

域」這一境界最完整的詮釋，也是超越嵇康此文之矛盾的最好方式也。而我亦以此而對前引拙文做出一些觀點上的修正，希望這一修正能為嵇康此文的創意再進一解。

在這樣的理解下，我們乃可將音樂的欣賞區分為三種形式，如果借用李頎〈聽安萬善吹觱篥歌〉「世人解聽不解賞」的說法，第一種形式也許可以稱之為「旁鄰聞者多嘆息，遠客思鄉皆淚垂」式的「聲有哀樂」之「欣賞」，這似乎是相應於〈樂記〉的聆樂方式，第二種形式則是李頎所關注的「長飆風中自來往」式的，「聲無哀樂」之純音樂性的「聆賞」，這也許就相應於「客觀主義論」、漢斯立克所說的聆樂方式，第三種則是再超越於欣賞與聆賞，可以進入莊子所謂「咸其自己，怒者其誰耶」的「遊賞」，此一賞鑒方式，可以關聯於旋律，也可以關聯於陶淵明無絃琴的「無樂之樂」的形式，從這一形式，乃可以說「其庶幾乎近道矣」，因為這一層次的欣賞乃可以說能真正既入乎音樂之內，又能出乎其外，擺脫音樂客觀性的局限，而進入到意義、價值，或者說終極關懷的層面，從而也讓音樂的移風易俗論成為真正可以落實的命題。我相信，當〈聲無哀樂論〉經過這樣的修正之後，它才可以成為一篇真正穩得住，可以擺脫矛盾，而且具有原創性的一篇道家音樂哲學宣言！

收入「儒道國際學術研討會——（三）魏晉南北朝」，
台北：國立台灣師範大學國文學系，2007 年 4 月 14～15 日，頁 1～11。

中國玄學的重新分期

摘要：

　　當今學術界有關中國玄學分期問題的討論，似乎已達成高度共識，即認為是由何晏、王弼所開創，並且規範了玄學，因此，整個玄學的相關研究也多是依照他們的思想而展開，特別是認為王弼扮演了關鍵角色，而玄學的各個時期也僅僅是對王弼思想的各種不同性質的詮釋而已。但是，這樣的看法並不符合歷史與哲學發展的事實。就思想史角度看，迄今為止，對玄學脫離兩漢思想，仍然缺乏真正內在理路的解釋——除了有關荊州學派的說法沒有根據外，有關「儒道會通」的說法也沒有堅實的證據來支撐；至於「名教」與「自然」衝突的說法，也是拿後來的命題來規範玄學的發生。從哲學史角度看，湯用彤提出的玄學是從兩漢的宇宙論到魏晉的本體論的轉換，也很難說得通。至於運用裴頠觀點，認為玄學存在著「貴無」與「崇有」的衝突，也同樣是出於對裴頠觀點的誤讀，不足以描繪出玄學的哲學史脈絡。從哲學角度看，牟宗三關於道家的詮釋固然勝過湯用彤的說法，但他依然未能很好地詮釋王弼思想；尤其是用王弼「援老入《易》」來詮釋王弼的易學思想，則使整個玄學的哲學基礎很難用道家思想與王弼哲學來作為定盤針。正確的中國玄學分期，不應以王弼思想作為玄學起點，而應以嵇康思想作為玄學的起點。理由是：從歷史層面看，漢魏之間至少到正始之前，學術風氣上的延續關係並沒有太大變化，如果將何晏、王弼拉回漢代學術，可以避免現行的玄學分期無法找出漢魏思想之間歷史因果的尷尬；從哲學史層面看，將何、王拉回漢代學術脈絡中，既可以不必再用「天才」的方式來講述王弼，也不必再為王弼與嵇康間不存在哲學論題關係而傷腦筋，還可以附帶開發出道教在中國哲學史中的定位；從哲學層面看，可以解釋決存在於王弼《周易注》與《老子注》之間的矛盾。這樣詮釋的代價是，再也聯繫不起來王弼與道家的關係了。但既王弼已被重新

置入漢代學術而與玄學脫鉤，那他與先秦道家有沒有關聯，並不影響玄學與道家相關與否的任何判斷。而將嵇康的問題意識上溯到道教之養生，反倒更容易與先秦道家尤其是莊子構成關係，而不必再通過王弼來轉折了。

關鍵詞：玄學、分期、王弼思想、嵇康思想

　　總體而言，當今學術界有關中國玄學分期問題的討論，似乎已經有了高度共識。即使還有一些不同看法，但其首出也繞不過何晏（？～249）、荀粲（209～238）、王弼（226～249）等人；而其中尤以王弼為領袖。何、王等人的玄學，後人名之為「正始玄學」。繼此而下，則是以嵇康（224～263）、阮籍（210～263）為代表的「竹林玄學」。然後，西晉元康年間（291～299），玄學名家輩出，如裴頠（267～300）、樂廣（？～304）、郭象（252～312）等等，是為「元康玄學」。此後，玄學固然仍有發展但重要性已大為降低。換言之，玄學主要表現在這三期之中。這樣的看法，似乎也並未違背自古以來對學術史的一般常識。也正是奠基在這樣的共識基礎上，學者們發展出了種種對玄學命題的詮釋模式。其中，最為基本的一個判斷，即認為玄學從何、王開始，展開了一個完全不同於兩漢的學術面貌；而這個新面貌，乃是以道家的復興和儒道會通為主題的全新思考。在這樣一個具有定盤針作用的問題意識指引下，如湯用彤（1893～1964）等前輩學者乃發展成了從何、王以迄裴頠、郭象的一套系統，從而也構築起了隸屬於中國哲學的一個子學科。

　　然而，將玄學這一學科的基礎奠立在如此共識上，無論是從歷史層面還是哲學層面，都透著許多蹊蹺。在歷史層面，到底該如何聯繫兩漢與魏晉的學術？又如何處理「正始」與「竹林」之間存在的斷層現象？在哲學層面，玄學的核心哲學命題到底是什麼？真的是以所謂「本體論」取代兩漢的「宇宙論」嗎？人們常以王弼的「貴無」與裴頠的「崇有」相對舉，以證明玄學的哲學命題有一脈相承之處，但事實真的如此嗎？嵇康、阮籍又何嘗有什麼「本體論」式的想法？把王弼與郭象的哲學硬扯在一起，是不是就一定有利？凡此種種問題，坦率地說，我是越來越質疑的。因此，乃草此蕪文，以為學界更進一解。

一、從歷史層面看現行的玄學分期

　　現行的玄學分期，大致是將兩漢與魏晉視為思想史上兩個截然不同的段

落，將魏晉玄學視為對兩漢思想的「反動」。當然，這在眾多看法中也是有強弱之分的。像湯用彤所稱的「荊州學派」，便不那麼嚴格地區分兩漢與魏晉，但也祇是程度問題而已。他並不認為需要去解釋，為什麼玄學突然會從兩漢這一思想情境中產生如此本質性的跨越。〔註1〕

關於思想發展的歷史線索，似乎祇要說明前一代思想的缺失，便可以輕易地轉進至後一代的思想，而不需要在前一代的思想情境裏找出足以提供積極因果的要素，以說明後面思想的發生原因。這樣的一套歷史知識論，頗為普遍地存在於整個中國思想史的解釋中，尤其在玄學上特別嚴重。如果套用余英時慣用的說法，即人們似乎還很不習慣去做「思想史內在理路（inner logic）」的解釋〔註2〕。而這一傾向，即使是余英時自己在對玄學的解釋中也同樣缺乏自覺。他對玄學發生有一個著名看法，即所謂的「個體自覺」說〔註3〕。但「個體自覺」的概念，一則內容太空洞，二則人們也不太可能會為這一概念與玄學重要概念間作積極的因果聯繫。就算這是一種心理式的發生因果，個體自覺的形式也是多樣化的。為什麼魏晉人（或者說東漢以後的學者）就一定會從個體自覺中走出玄學式的想法？這依然是不清楚的。

當然，也許有人會說，湯用彤已經注意到了一些事實，即揚雄（前53～18，字子雲）、王充（27～97）等人的思想與王弼的遠親關係〔註4〕，這難道不是所謂的內在理路嗎？但是，任何稍微注意湯用彤說法的人，都應該發現，他從未為揚雄、王充思想與王弼思想之關係提供任何歷史因果的解釋，祇是

〔註1〕湯用彤在《魏晉玄學論稿‧言意之辨》中說：「夫歷史變遷，常具繼續性，文化學術雖異代不同，然其因革推移，悉由漸進，魏晉教化，導源東漢，王弼為玄宗之始，然其立義實取漢代儒學陰陽家之精神，並雜以校練名理之學說。探求漢學蘊攝之原理，擴清其虛妄，而折衷之於老氏。於是漢代經學衰，而魏晉玄學起。」湯用彤：《魏晉玄學論稿》（台北：里仁書局，1984年），頁23。表面上看，他對歷史的因果線是重視的，但並未作因果式的說明，祇是標舉了一些可能的歷史前因。這當然不能算是一種解釋。

〔註2〕余英時：「清代思想史的一個新解釋」，余英時：《歷史與思想》（臺北：聯經出版公司，1976年），頁121～156。

〔註3〕余英時：〈漢魏之際士之新自覺與新思潮〉，余英時：《中國知識階層史論》（臺北：聯經出版公司，1980年），頁121～156。

〔註4〕湯用彤云：「溯自楊子雲以後，漢代學士文人即間嘗企慕玄遠……則貴玄言，宗老氏，魏晉之時雖稱極盛，而於東漢亦已見其端矣。」但隨即他又說：「然談玄者，東漢之與魏晉，固有根本不同。」（湯用彤：《魏晉玄學論稿‧言意之辨》，頁47。）所以，他還是將兩者分途處理的。

假設式地說揚雄、王充乃至桓譚（前 23〜56）、蔡邕（133〜192）等人是所謂的「漢代道家」。然而，思想上的近似性是一回事，有沒有歷史因果關係則是另一回事。更何況，揚雄他們會同意把他們稱為道家嗎？至於「荊州學派」的問題，姑且不論歷史上是否真存在著這個學派，就算真有，如果不是指出該學派形成之原因，祇是因為他們厭倦章句之繁瑣，而思有以改革註經之形式，這樣的說法是與思想問題無涉的。另外，湯用彤也從未解釋宋衷（？〜219）注《太玄》究竟有沒有思想上的原因，或者說原因何在？更何況，程元敏教授通過詳細的考證〔註5〕，已否決了荊州學派的假設。如果一個思想流派的誕生，根本就缺乏內在理路的解釋，而祇有如史華慈（B. I. Schwartz, 1916〜1999）譏之為某種動機式之原因的解釋，是難以勾勒出這一思想流派的來龍去脈的。

玄學誕生於對兩漢思想之「反動」的說法，其背後有著某種歷史知識論的色彩，但歷史的發展真會是這種「斷裂」式的方式嗎？主張歷史發展乃是斷裂的這一說法最力者，大概就是福柯（M. Foucault, 1926〜1984）了。但是，福柯的觀點是在一個特定語境中而說的。他是說，每一個論述都意味著某種權力結構在其背後作著，當論述改變時，意味著權力結構的變化，所以，每個論述皆是不可共量的，因而歷史的發展也是斷裂的。福柯的說法當然有其道理，可是它與歷史解釋之必須存在的歷史因果律是兩碼事。因為，在此所要討論的兩漢思想與玄學的關係，不是要看這兩套論述之間所涉及的權力結構變化，而是要考察玄學論題為什麼會從兩漢的思想土壤中發生。如果歷史現象的發生都不是無因而生的，那便不能祇是用諸如「反動」之類的非因果式的說法來搪塞，因為「反動」是描述不出歷史變化之軌跡的。由於迄今為止的玄學發生論皆存在著歷史知識論上的重大盲點，就需要質疑諸如「儒道會通」之類的說法是否真有歷史根據。

今天幾乎所有玄學的論述，都以為玄學的基本問題意識是為了求儒道會通，但如果這真是玄學的問題意識之由來，那是不是意味著儒與道在東漢的思想土壤中已經存在衝突了呢？但誰能提供類似衝突的歷史證據呢？因為，兩漢學者的基本問題意識是在如何可以學習聖人「為漢立法」這一立法的規模，但從來不曾見到哪一位漢代學者曾經想要同樣地來看待老子（約前 571〜

〔註 5〕程元敏：〈季漢荊州經學〉（上），《漢學研究》第 1 期，1986 年，頁 221〜264；〈季漢荊州經學〉（下），《漢學研究》第 1 期，1987 年，頁 221〜264。

前 471，也稱「李耳」）的地位。學者們將「儒道會通」作為玄學基本的問題意識，乃是詮釋者的倒果為因。

的確，王弼是有「聖人體無」說法的，這說法似乎有評價孔、老的意味；但孔融（153～208）去見李膺（110～169），也有過一個類似孔子（前 551～前 479）與老子之間關係的笑話式說法。由此可見，老子在當時的學術界並不陌生。可是，這些證據都不代表說老子也是一位時人共同追慕而與孔子比肩的聖人典型。後來玄學的確是在合會儒道，但這是後來纔發展出的論題，不能用一個後來的論題當成是原初的問題意識。人們之所以會如此地倒果為因，在於沒有注意到歷史知識的向度之故，纔會把一個不可能出現在當時學術土壤裏的問題強加給了玄學。由於「儒道會通」這一問題意識的設定，影響了今天整個玄學分期的方式，乃至所有玄學思想的詮釋。

將「儒道會通」作為玄學基本的問題意識，還有另一種提法，即以解決「自然名教」問題來代替「儒道會通」〔註6〕。於是，這裏就有意思了。東漢學者都是名教之徒，那「自然」問題是什麼時候出現的呢？如果要找證據的話，當然可以找到揚雄、王充，甚至還可以更早一些，但絕對不會說司馬談（約前 165～前 110）想要會通自然與名教吧？因為在司馬談時，「名教」這個概念還不曾出現。也不應把它加給揚雄、王充，因為就算揚雄時代，「名教」這個概念已然粗具（嚴格地說，要到劉秀之後纔有這個概念），「自然」與「名教」對他們而言還不是一組相對的概念。今天人們眾口一詞的說何晏、王弼主要是在解決這個問題，但翻檢他們的文獻之後，卻找不出證據證明他們真是如此想的；而且，與他們同一時代（也就是正始九年之前）的人，也看不到將這兩個概念對舉起來的任何蛛絲馬迹。原因在於，從東漢以後，學者所理解的名教，表示的是一種倫理性的意識形態，所謂「以名為教」是也。名教之中含括的是一種價值取向，一種行為準則，一種群體意識，其來源是聖人的為漢立法。所以，「道」在「名教」中，但「名教」本身不是「道」，它祇是士族這一群體共同認可的標籤。可是，「自然」在王弼的思想中是「道」的實指，與「名教」根本不是同一層次的概念，不曾指述任何行為準則與群體意識。

〔註6〕其實這個說法，在湯用彤《魏晉玄學論稿・魏晉思想的發展》中已經如此說了。後來，余敦康的《何晏王弼玄學新探》便以此為基本命題。由於他長期研究中國玄學，使得大部分玄學研究者接受了這個判斷。余敦康：《何晏王弼玄學新探》（濟南：齊魯書社，1991 年）。

如果硬要說王弼也是在解決「自然」與「名教」的衝突，或者說心中預存著另一種與名教不同的屬於道家的倫理意識形態的源頭，當整個時代都還深深沉浸在「名教」的意識形態中，而王弼居然孤明先發，想直接跳過時代去追攀先秦道家，有這個可能沒有？更何況，先秦道家的思想也不是一種倫理性的意識形態呢！

當然，有人可能會質疑我已經預設了對王弼思想的詮釋，再來說王弼並沒有此一問題意識；我的一些師友也許會辯解說，先秦道家本來就是奠基在禮教之僵化上而思化解之道，為什麼王弼不可以是站在名教之僵化的時代課題上而思化解之道呢？但是，這樣的回應，如果不是強辯的話，便應該注意到先秦知識分子的確曾清楚認知到「周文疲弊」的問題，這問題是否促成先秦道家反省的契機姑且不論，可是王弼什麼時候批判過名教疲弊的問題呢？那麼，把自然與名教的衝突時間提升到從何、王便開始的整個玄學之上，豈不是今天玄學論者共同扎出來的一個稻草人嗎？也就是說，這不是我預先設定了什麼詮釋的問題，而是任何認為在王弼身上已經將「自然」與「名教」做成了一組相對概念的想法，都經不起文獻和歷史事實之考驗的問題。今天有不少學者依然認為從何晏開始，「自然」便是對抗「名教」之意識形態武器，或者說如王葆玹所說的，「自然」乃是何晏希望改制變法所構作的一個意識形態武器〔註7〕。說何晏所屬的魏黨與簪纓世家出身的司馬氏之黨有重大的政治矛盾沒錯，但人們什麼時候看到何晏拿自然或道家的說法來作為政爭的武器了？從當時兩黨黨爭彼此黨徒犬牙交錯的狀況來看，王弼很有可能根本就不是魏黨，王弼家族死於「魏諷之亂」者不乏其人，而「魏諷之亂」恐怕正是曹丕時期士族奪曹魏之權的一次諱莫如深的政變。也就是說，我們絕對不能祇因王粲（177～217）之故，便將王弼視為魏黨，事實情況可能遠為複雜；假如說王弼根本不是魏黨，那所有這些意識形態鬥爭的說法，不就變得可笑了嗎？

就歷史證據來看，將「自然」發展為一個足以與「名教」相抗衡的意識形態概念，主要是由嵇康完成的。〔註8〕但在嵇康的諸多作品中，乃至在其他的記載中，從來不曾談到他與何晏、王弼等人的思想淵源。如果按照今天玄

〔註7〕 王葆玹：《正始玄學》（濟南：齊魯書社，1987年），頁33～34，文繁不具引。
〔註8〕 謝大寧：《歷史的嵇康與玄學的嵇康──從玄學史看嵇康思想的兩個側面》（臺北：文史哲出版社，1997年），頁13～52。

學分期的講法，這不是一個很奇怪的現象嗎？嵇康與王弼同時代，而且長王弼兩歲，如困王弼的思想在當時已經那麼有名，而且又真的那麼具有主導時代思潮的地位，我們卻在「繼承」王弼思想的嵇康身上，完全看不到與王弼關係的任何線索，這難道不怪異嗎？有人也許會很直覺地說，這是因為在高平陵事件後，去提何晏、王弼是觸犯禁忌的事，所以在嵇康作品中看不到是正常的。但是，如果我們深入些想想，便會知道，這樣的解釋是站不住腳的。如果說嵇康是個害怕觸犯司馬氏忌諱的人，那他也就不會被殺了。在《管蔡論》裏，他挑明了在為淮南三叛聲援，試問還有什麼比這個更觸犯禁忌的？如果他連這個都不怕了，還會害怕去提何王二人嗎？而更有意思的是，在嵇康作品裏，居然看不到任何一個與何、王在當時聳動天下的論題有關係的說法。如果翻檢阮籍的作品，則可以清楚地看到他思想的幾個不同階段：早年寫〈樂論〉時期的阮籍，是不曾受王弼他們影響的；而在稍後寫〈通易論〉〈通老論〉時，大概正是何、王之言極盛的時期，所以可以看到他論題中何、王的影子；到了他寫〈大人先生傳〉、〈達莊論〉時，已是高平陵事件之後了，此時何、王的論題又完全消失，而全部改成了嵇康的論題，原因是此時的阮籍與嵇康有了密切交往。如果阮籍的一生可以作為一面鏡子的話，那嵇康的作品中完全看不到何、王的論題，便是一個不容忽視而且傳遞著重大信息的現象——嵇康的思想與何、王可能是兩碼事。如果真是如此的話，那麼我們是不是該嚴肅地想一想，現行玄學分期的問題所在呢？

二、從哲史層面看現行的玄學分期

現行的玄學分期不止在歷史層面存在問題，在哲學層面也存在問題。由於哲學層面的問題包含純哲學層面和哲學史層面，這裏先從哲學史層面說起。

哲學史固然是屬於哲學學科的一環，但是某種歷史因果還是必須注意到的。然則兩漢、魏晉的學術過渡是如何發生的呢？在以湯用彤為代表的眾多學者看來，漢代哲學的特色是「宇宙論」，魏晉哲學的特色是「本體論」，其過渡來自於一種純偶然的新方法之誕生：

> 故學術，新時代之托始，恆依賴新方法之發現。夫玄學者，謂玄遠之學。學貴玄遠，則略於具體事物而究心抽象原理。論天道則不拘於構成質料（Cosmology），而進探本體存在（Ontology）。論人事則輕忽有形之粗迹，而專期神理之妙用。夫具體之迹象，可

道者也，有言有名者也。抽象之本體，無名絕言而以意會者也。迹象本體之分，由於言意之辨，依言意之辨。普遍推之，而使之為一切論理之準量，則實為玄學家所發現之新眼光新方法。王弼·首唱得意忘言，雖以意解，然實則無論天道人事之任何方面，悉以之為權衡，故能建樹有系統之玄學。

因此本體論所謂體用之辨，亦即方法上所稱言意之別。二義在言談運用雖有殊，但其所據原則實為同貫。故玄學家之貴無者，莫不用得意忘言之義以成其說。〔註9〕

這兩段話的妙處，在於本體論與新方法之間不是運用一種新方法以進行邏輯推演，從而得出一個本體論系統的關係，而是由「言不盡意，得意忘言」這一新方法，直接以「類比」或「模擬」的方式，而聯繫於「無」這一個本體概念之發現；「無」這個概念乃是由言不盡意這一「意象」移形換位而來。換言之，人們不必深究「言不盡意」與「無」有著什麼邏輯關係。由此，可以清楚地看到，湯用彤先生其實並不清楚西方形上學到底在處理什麼問題，也不知道如何處理。他顯然祇是在不知界義的狀況下，借用了「本體論」、「宇宙論」這兩個名詞，想當然地套入了兩漢、魏晉的思想流變，而提出了這麼一個從宇宙論到本體論的哲學史判斷。既然如此，對他的這一判斷的可靠性也就不必寄以厚望了。但問題是，「本體論」在中國是完全陌生的，它不像西方，在柏拉圖（前427～前347）他們提出類似說法之前早已有了深厚的基礎，那麼，這個問題是怎麼出現在中國的呢？難道祇是王弼這位哲學天才孤明獨發嗎？截至目前，似乎還沒有令人滿意而足以取代湯用彤的說法。在牟宗三（1909～1995）先生那裏，雖然對哲學史的興趣並不大，但在他的理解中卻隱含著一個重要的哲學史判斷，即王弼是直接上承先秦道家思想而作出了恰當相應的理解。換句話說，王弼並不是天才式地在中國哲學裏創造了一套本體的哲學，而是以天才式的穎悟直接跨越了兩漢無人能夠解悟的老莊思想，從而重新展示一套「無」的智慧。這個說法，其可能性當然要比湯用彤的說法要大些，因為這樣的話，王弼就不必承擔原創的責任，他祇是聰明到可以憑藉自己的穎悟，便「繼往聖之絕學」而已。在中國哲學史上，也許有一個例子可與之相比，即陸九淵（1139～1193）直承孟子（前372～前289）。不過，他與王弼畢

〔註9〕湯用彤：《魏晉玄學論稿》，頁23～24、29。

竟還有著一些本質的不同。在陸九淵時代，已經到了理學發展的高峰期，一般理學家對道德問題的反省已深，陸九淵並不是在全無類似語境的烘托下去承接孟子。因此，王弼若真是如牟宗三所說，那他所面臨的困難度，何啻百倍於陸九淵？然則，天下真有這樣的哲學天才嗎？也許有人會如是辯解：假如說這樣的天才是不可能的，那當初第一個創發出道家思想的人便也不可理解了，但道家思想畢竟發生了！然而，這樣的辯解並不恰當。道家思想決不是由老子或莊子（前 369～前 286）憑空想出來的，它如儒家一般，與周文傳統的內涵是密切相關的。因此，那內含在牟宗三系統中的玄學哲學史解釋，也是有著缺陷的。那麼，可行的解釋又在哪裏呢？

在前面已經提到，嵇康作品中看不到任何屬於何晏、王弼的論題，而阮籍作品中雖然可以看到一些，那也屬於阮籍的少作，他正始以後的作品中就再也看不到類似論題了。換言之，在今天玄學分期裏，第一期的正始玄學與第二期的竹林玄學之主要代表人物之間，居然沒有論題上的承接關係，這不是件很怪異的事情嗎？關於這點，今天的論者幾乎都是以自然名教問題來一筆帶過。但是，把「自然」與「名教」之衝突問題歸給王弼，並不能解決問題。當然，另一條辯解的途徑是從哲學的詮釋上著手，比如說在牟宗三的理解裏，從王弼開始又回歸於先秦老莊，王弼「無」的哲學也就是由「作用的保存」上所說哲學；它與嵇康的哲學在本質上是一致的，因此論題上是否相承接便不那麼重要了。可是，這樣理解王弼的進路是否適宜？假如說王弼並不能那麼天才地孤明獨發、直承老莊，那問題不是依然不能解決嗎？

為了解決這一問題，又有人想循另一途徑，這主要是受西晉時「貴無」與「崇有」的爭論而啟發。大約到西晉時期，對玄學的前期發展開始有了一種以「無」為核心的綜合性說法，即所謂「貴無」之論。當時人似乎相當一致地認為，此論含括著「正始」與「竹林」諸人在內。《晉書·王衍傳》便說：

> 魏正始中，何晏、王弼等祖述老莊，立論以為天地萬物皆以無為本。無也者，開物成務，無往而不存者也。陰陽恃以化生，萬物恃以成形，賢者恃以成德，不肖恃以免身。故無之為用，無爵為貴矣。衍甚重之。〔註 10〕

既然當時這些名士去古未遠，甚至有人還直接與「竹林」有關，我們自然沒

〔註 10〕〔唐〕房玄齡等撰，楊家駱主編：《新校本晉書》（台北：鼎文書局，1979 年），頁 1236。

有理由懷疑他們的判斷，因此就算我們承認表面上王弼與嵇康的論題並無交集，也不構成什麼困難或非得將之切分為兩個不相干之發展段落的理由。如上辯解，看來倒是頗有力度的，更何況還有裴頠那著名的〈崇有論〉以為佐證呢！然則真可以如此看嗎？

裴頠的這篇文章，表面看來，似乎是衝著王弼而發的，但裴頠尚有另一篇文章〈貴無論〉，說明裴頠所反對的並不是「無」這個概念本身，而是王弼論「無」的方式。雖然這篇文章已亡佚了，今人已無從知其論點，但在〈崇有論〉裏，還是可以看到他的一些說法。例如，「夫盈慾可損，而未可絕有也，過用可節，而未可謂無貴也」〔註 11〕，意思是說，如果人們講的是絕棄一切慾望即是「貴無」，那他是不同意的。不過，這是不是說，假如不要說得那麼嚴格，他也可以接受呢？在接下來的文章中，他又說道：「老子既著五千之文，表摭穢雜之弊，甄舉靜一之義，有以令人釋然自夷，合於《易》之損、謙、艮、節之旨，而靜一守本，無虛無之謂也。」〔註 12〕也就是說，他不認為老子所主張的乃是「虛無」，而祇是「靜一」；所以，如果說「貴無」即是靜一之旨，他顯然是會同意的。然則這會不會就是他在〈貴無論〉裏的觀點呢？由於沒有明確的證據，在此擱置不論。不過，由此倒是對比出了他在〈崇有論〉中的主要論點。他說，人世間之品類固萬殊，但人情之理乃在「寶生存宜」。基於這點，賢人君子一方面知道眾人之「慾不可絕，而交物有會」；另一方面也考慮到整體的利益，必須有種種的禮義以垂範於世。但是，人的慾望總是不知節制的，所以，「慾衍則速患，情佚則怨博，擅恣則興攻，專利則延寇，可謂以厚生而失生者也」；而此一狀況在他看來，正是「貴無」之論所產生的問題意識所在。換言之，在裴頠看來，「貴無論」者正是有怠於慾望之不知節制所帶來的禍患，認為應該泯除慾望；可是，這樣一來又產生了一個副作用，也就是導致了人們忽視禮制。他的這一邏輯是：「悠悠之徒，駭乎若茲之釁，而尋艱爭所緣。察夫偏質有弊，而覩簡損之善，遂闡貴無之議，而建賤有之論。賤有則必外形，外形則必遺制，遺制則必忽防，忽防則必忘禮，禮制弗存，則無以為政矣。」〔註 13〕也就是說，在他看來，慾望是可以節制也應

〔註11〕〔西晉〕裴頠：〈崇有論〉，收入〔清〕嚴可均：《全上古三代漢魏三國六朝文‧全晉文》（第 3 冊）（北京：中華書局，1985 年），頁 1648。
〔註12〕〔西晉〕裴頠：〈崇有論〉，頁 1648。
〔註13〕〔西晉〕裴頠：〈崇有論〉，頁 1648。

該節制的，但不可以矯枉過正，「貴無論」者之病正是在此。這樣看來，裴頠的問題意識就十分鮮明了。他的想法祇是如何維繫政治上的禮制規範。這種看法，正是被當時名士之風逼出來的。他說，當時流俗是「立言藉於虛無，謂之玄妙；處官不親所司，謂之雅遠；奉身散其廉操，謂之曠達；故砥礪之風，彌以陵遲。放者因斯，或悖吉凶之禮，而忽容止之表，瀆棄長幼之序，混漫貴賤之級，其甚者至於裸裎，言笑忘宜，以不惜為弘，士行又虧矣」〔註14〕；為了糾正此現象，他要進一步檢討「貴無論」者的理論依據。他認為，老子雖然說「有生於無」，但後人不能滯於文字，因為老子如此說，祇是為了「絕所非之盈謬，存大善之中節，收流遁於既過，反證正於胸懷」而已，而要達此目的，所謂「人之既生，以保生為全；全之所階，以順感為務」，就不能夠完全絕棄慾望。因此，裴頠以為，「貴無論」者乃是誤讀了老子之故。

按照上述裴頠的論點看來，他明明祇是從當時的名士頹風而來。這個論題如果從哲學史的觀點看，至多祇與嵇康有關，也就是這好似嵇康〈難自然好學論〉的翻版，裴頠則像是嵇康的論敵；而最重要的一點則是，這個論點表面上是針對王弼而發，實質上與王弼沒有任何關係。因為，不祇是在文獻上看不到王弼的任何論點可能邏輯地導致裴頠所攻擊的問題，而且王弼不但不反禮制，還與何晏都是禮制的忠實維護者。所以，若說裴頠心目中的「貴無論」是由王弼首倡，那不是裴頠的誤解或當時人普遍張冠李戴，就是我們自己混淆了。而且，這也不可以在詮釋上說，裴頠的論點與王弼有關。因為，裴頠既不是在所謂「本體論」上去批駁「無」的說法，也不是反對「無」可能具有的實踐意義，他祇是跳開了這些層次，而單從「虛無」之論在現實上的重大影響上立論而已。所以說，如果因為〈崇有論〉而認為它可以在哲學史上證成正始、竹林乃至元康的玄學乃是一貫而下的，這恐怕是推論太過了。〈崇有論〉唯一可以證明的哲學史論題，祇是說竹林玄學與元康玄學有其一貫性，而我們沒有任何證據去說何、王與後來玄學論題的發展有關。

但是，也許還有論者會注意到，裴頠〈崇有論〉中的最後一段話：

> 夫至無者無以能生，故始生者自生也。自生而必體有，則有遺而生虧矣。生以有為己分，則虛無是有之所謂遺者也。故養既化之有，非無用之所能全也；理既有之眾，非無為之所能循也。心非事也，

〔註14〕〔西晉〕裴頠：〈崇有論〉，頁1648。

> 　　而制事必由於心，然不可制事以非事，謂心為無也。匠非器也，而
> 　　制器必須於匠，然不可以制器以非器，謂匠非有也。〔註15〕

從這段話中，有人會以為，這是裴頠涉入本體論問題的明證〔註16〕；不過我倒以為，這正是裴頠對王弼思路完全不熟的明證。因為，有人說「自生說」是裴頠的發明，甚至說郭象的「自生說」來自裴頠。這顯然是個誤解。就文獻上來看，王充纔是「自生說」之源〔註17〕。而在玄學上，王弼早有「不塞其原，則物自生」的說法。所以，裴頠此論既不是在本體論上反對某些論者所謂的由「無」所建立的本體陳述，若非然者，他不應無視王弼之早有「自生」之說法；也不是反對在作用的保存上說「無」的作用，因為他祇是在常識上說萬物之生都非無因而生，萬物一定是自有生有，而此生則是萬物自生。也就是說，這個「自生」祇是指萬物由它自己代代相續，猶如母以生子，不會有甲物生出乙物的情形而已；它連自然而生之義都不是，更談不上其他意思了。換句話說，裴頠之時，大概是有很多人認為「虛無」之論來自於何、王的提倡，但這樣的判斷並無法真正在哲學史上建立從正始到竹林、元康的玄學分期。

三、從哲學層面看現行的玄學分期

　　關於現行玄學分期在哲學層面上存在的問題，牟宗三早在 1980 年代初就對湯用彤以「本體論」來詮釋玄學的哲學意義做過批評〔註18〕；不過，他並沒有因此而改變玄學分期的說法，因為他祇是先行認定了這樣一個玄學分期，然後在這個分期的主導下，設定了玄學主導性的哲學問題是回歸先秦的道家，從而展開了玄學與道家互為詮釋的過程。其實，湯用彤的詮釋不恰當，主要還是因為以「無」作為一個形而上的本體，勢必將使他陷入無從解決的哲學難題中。關於這點，我曾在另一篇文章中，指出了其中的關竅：

> 　　若「無」真是萬物之本原實體，則它便不能是所謂的「至健的秩

〔註15〕〔西晉〕裴頠：〈崇有論〉，頁 1648。
〔註16〕許抗生等：《魏晉玄學史》（西安：陝西師範大學出版社，1989 年），頁 279～284。
〔註17〕《論衡》，〈說日〉篇云：「天之行也，施氣自然也，施氣則物自生」黃暉撰：《論衡校釋》（第 2 冊）（北京：中華書局，1990 年），頁 502；〈自然〉篇亦云：「天動不欲以生物，而物自生，此自然也」，皆是明證。黃暉撰：《論衡校釋》（第 3 冊），頁 776。
〔註18〕牟宗三對湯用彤的批評，詳見牟宗三：《才性與玄理》（臺北：學生書局，1980 年），頁 141～143。

序」；若說此一至健的秩序乃即是「無」之本體生發萬物之過程，則它便表示以「無」為核心的一套本體宇宙論。但問題是，作為萬物本原之一實體，如何能為一動力因，以由是而生發一套宇宙論？又若真可由「無」而說一套宇宙論，則玄學與漢代學術的區分，便不應說是所謂的宇宙論與本體論的對分。再者，若「無」真是一個所謂的形上實體，則相應於「無」而說的工夫，也不能是所謂的「不自居於成，不自宥於量」的以無為用，因為由此而說的工夫，祇能是對此一「無」的形上本體的認知性類比，由是而成一種類似斯賓諾莎對一形而上之空無所成之泛神式的信仰。如若欲由此而說一至健之秩序，則由此而說之工夫，亦必徹底排除自由之可能；或者即或要說自由，亦同樣祇能是如斯賓諾莎所說的，就認知意義上而說的「理性自由」，而我們皆無法由之提煉出「不自居，不自宥」之義。如是，我們自不能說「以無為體」便得在人生之學上蘊涵著「以無為用」，這當然會使湯先生相當在意的玄學之「無的工夫論」宣告落空。〔註19〕

也就是說，無論我們怎麼來圓場，都無法替湯先生想出一個說得通的理解王弼的途徑。不祇如此，我們也不可能依照任何類似的本體論之「無」，去把嵇康、阮籍他們的思想講通。

再來看牟宗三提供的詮釋。他基本上同意玄學蘊涵著一套形上的思考，祇是這套形上思考僅具有一種姿態，而不含任何形上實體的概念。這個形而上的姿態乃是由主體之某種實證的生命境界所湧出而成的，它不必藉由形上實體去撐架。他說道：

> 此為主觀修證所證之沖虛之無外之客觀地或絕對地廣被。此沖虛玄德之「內容的意義」完全由主觀修證而證實。非是客觀地對於一實體之理論的觀想。故其無外之客觀的廣被，絕對的廣被，乃即以此所親切證實之沖虛而虛靈一切，明通一切，即如此說為萬物之宗主。此為境界形態之宗主，境界形態之體，非存有形態之宗主，存有形態之體也。〔註20〕

〔註19〕謝大寧：〈湯用彤玄學理論的典範地位及其危機〉，《中正大學中文學術年刊》第 5 期，2003 年，頁 127～128。
〔註20〕牟宗三：《才性與玄理》，頁 141。

換句話說，整個玄學的哲學關鍵問題，是從湯用彤的客觀之存有實體的想像，拉回來成為以主體之生命實踐為主的形而上想象，牟宗三將之稱為一套「境界形態的形上學」。在此，須特別注意他所說的「姿態」這個提法。這意味著，所謂的形上學，其實祇是個樣子而已，不能太當一回事。真正需要注意的，是主體的實踐，而「無」便必須從主體上來想。他表示的既是一個主體的實踐原則，也是一個主體的實踐所達到的境界。這個境界，也可以蘊涵著某種以「自生、自濟」而說的「靜觀貌似的宇宙論語句」，其實它祇是由一種生命境界所成全而出的對天地萬物的無限包容。於是，牟宗三所認為的真正的玄學哲學問題，成了一個主體之某種特定的生命實踐問題，這就鬆開了湯用彤的系統困難。而如此說最大的好處，在於很容易地就將先秦的道家思想與玄學縫合在一起；而且，他更巧妙地運用了康德哲學所提供的一套哲學模型，給了此一詮釋以充分的理性基礎。這是迄今為止任何其他的詮釋所達不到的境界。這個說法，與中國哲學注重生命實踐的特色也是能夠相應的。

牟宗三上述說法的實質，乃是奠基在幾個詮釋的前理解之上：一是他並沒有挑戰玄學的傳統分期，仍將玄學這三期視為一脈相承、前後銜接的完整哲學思想；二是他沒有挑戰傳統對玄學回歸先秦道家的常識性判斷，更細一些說，是他完全接受了諸如王弼以老子思想為主，而且總是「援老入《易》」之類的判斷。他祇求在此基礎上，如何能哲學地貫通它們，而並未考慮這幾個前理解會有什麼問題。而我則想問的有兩點：這樣的詮釋路徑在哲學上真的沒有困難嗎？王弼真的有「援老入《易》」嗎？

首先，牟宗三的想法是，將學重新奠基於主體的生命實踐上，這在哲學上必須奠立於一個特殊的主體概念上，所以他在詮釋這套思想時總是不斷強調「道心」這個概念。這是一個類似孟子「本心」概念的超越的主體性，而「無」則是此一主體性進行判斷時的主導原則，即所謂的「無相原則」。〔註21〕但是，通過對玄學乃至道家文獻的考察可以發現，其實它們很少涉及「心」這個概念。老子說「虛其心」、莊子說「心齋」、王弼說「以無為心」、嵇康說「越名任心」，我們是無法從這些例子中讀出超越性的主體意味來的。

〔註21〕「無相原則」是牟宗三在說美學時所構造的一個概念，此概念正是由道家所說的「無」之作用而來。詳見牟宗三為譚康德《判斷力之批判》（臺北：學生書局，1992 年）一書所寫的序言〈以合目的性之原則為審美判斷力之超越的原則之疑竇與商榷〉。

如果不管怎麼詮釋都很難被當成一個超越主體性的概念來看的話,那麼牟宗三的說法會不會有「增字作解」的嫌疑呢?增字作解並非不可以,但如果這解釋有反客為主,反過來規範了詮釋對象之思想的可能時,這樣的增字作解就犯了詮釋之大忌。如果以平常的心理學意義的「心」來詮釋文本中的類似概念,而不是用這麼強的主體性概念來說玄學或道家,是不是要顯得更恰當一些?至此,我看到了牟宗三的說法在哲學詮釋上的困難。

其次,就文獻來看,王弼留下來的作品,大篇幅的有《周易注》《老子注》《論語釋疑》等,其他則是《周易略例》、《老子指略》等論文式作品,其中主要的當然是對《周易》和老子的註解。那什麼叫做「援老入《易》」呢?歷來的詮釋者都把這個概念當成是理解王弼的基本原則,但並沒有人給以清楚的界義。如果我們以一種寬泛的方式看,也就是說王弼在給《周易》乃至《論語》作注時,某些地方與《老子注》有重疊的情形,這大概是誰也否認不了的。但這包不包括他也曾把《周易注》用到《老子注》中呢?這顯然也是事實。例如,「以復而視,則天地之心見」(第三十八章注),「夫天地設位,聖人成能,人謀鬼謀,百姓與能者,能者與之,資者取之,能大則大,資貴則貴。物有其宗,事有其主」(第四十九章注),「與天地合德,乃能包之如天之道」「自然,然後乃能與天地合德」(第七十七章注)等等皆是明證。那我們可不可以說王弼也是「援《易》入老」呢?如果是在寬泛的理解下,我們不說援《易》入老,而祇說援老入《易》,這意思可能祇是說以注《易》為核心,是在註《易》時有些地方援用了注老時所使用的看法而已。這也就是說,此一理解模式並不是將「援老入《易》」視為是一個詮釋原則;或者說,這是將「援老入《易》」視作一個可以使用的詮釋方法,但不是一套「方法論」。這個差別是非常重要的。但是,歷來的詮釋者有很多人並不是採取上述寬泛模式來看待「援老入《易》」這個概念的,而是將這概念當成一個方法論來使用的,即王弼心中就存著一套完整的老子哲學,祇是將《周易》視為他發揮這套哲學的場域;所以,當人們看到王弼《周易注》與《老子注》有重疊的情形時,必須將這一重疊的現象視為是必然的,而不是一種偶合的情形;更進一步說,在那些並無明顯重疊現象的註解裏,撇開純訓詁的部分,人們也必須將它們視為是老子思想的發揮。就上述這兩種可能的援老入《易》的界義來看,它們其實是不容許有模糊的,我們必須在這兩種理解的態度中選擇其一。當然,怎麼選擇便一定會有它的理論效果。然則哪一種理解態度較能接近王弼的想

法呢這也就是說，我們不是要問王弼有沒有援老入《易》，因為照上述寬泛的理解，王弼援老入《易》是事實，所以我們祇是要問王弼到底是用什麼方式援老入《易》的？

這個問題是很有意思也很難解決的問題。戴璉璋教授曾有一篇文章詳論了這個問題，十分具有啟發性。他說：

> 若要根據王氏的易學著作來探討他的玄學思想，則相對地就會顯得比較困難。因為老學與玄學是一脈相通的，而易學則自有經傳傳統。王弼一方面據傳解經，一方面又援老入《易》。……基本精神並不相同的儒道兩家思想，王弼是怎麼把它會通起來的呢？有人看出他用雜糅摻和的手法，也有人指出他用有無本末的方式。……王弼是怎樣通過周易卦爻結構來說明有無本末關係的呢？所謂「易者，象也」，周易卦爻都具有豐富的象徵意義，每一卦都可表示一種具體的情境，王弼落在這上面談有無本末，是在具體的情境當中指證玄理，不可避免地會有一些辯證的思維。〔註22〕

他一方面指出了這當中的困難，因為若說王弼《周易注》中到處都是道家思想的發揮，這明顯不符合事實，它裏面是有一些與道家相應的實踐體會，但多數則是與儒家一脈相成的實踐體會，所以在這層面上要說王弼乃是援老入《易》（以較嚴格說法所說的援老入《易》），恐怕很難有說服力，所以他認為以雜糅摻和來解釋的方式是不能說明王弼援老入《易》的。這也就是說，雜糅摻和的說法正是我們上面所說的寬泛的說法，而這個說法的確無法證實王弼在《周易注》中有會通儒道的事實。另一方面，他想從另一個角度來將王弼的援老入《易》變成一個硬性的說法。他在承認王弼大量採取儒家之實踐體會的同時，又認為王弼是在「有無本末」這一原則下採用了這些事實。也就是說，王弼是將這些儒家的實踐體會都放在末的位置上，而道家的「自然無為」則是本。這樣一來，他便仍然可以堅持王弼的確有援老入《易》，而且的確是根據這個方法論原則會通了儒道。

戴教授的這個辯論方式確實精彩，但這當中也有幾個值得探討的問題：其一，戴教授所舉的一些例子能不能支撐上述推論？其二，「有無本末」的確是王弼在注老時所採取的一個重要原則，但「有無」與「本末」不是一個層次

〔註22〕戴璉璋：〈王弼易學中的玄思〉，《玄智、玄理與文化發展》（台北：中研院文哲所，2002 年），頁 30～31。

上的概念。無為本，有為末，這是王弼說的，但「有末無本」在這裏表示的是一個具體的哲學論點，而不是一個方法論的觀點。這與本末之說即王弼「天下同歸而殊途，一致而百慮」、「物有其宗，事有其主」的說法——一個普遍的方法論觀點，是必須有所區別的。我們不能祇是泛泛地把有無、本末連在一起說，以為王弼一講到本末便意指「有無」。如果這當中不加區分，可能會落入方法上的盲點。其三，光是談到「本末」這個方法論的概念，並不必然表示一種玄思，《中庸》不也曾說「物有本末，事有終始」嗎？即使談到「有末無本」，就一定表示是玄思嗎？或者說，如果它可以稱之為一種玄思，而這種玄思的意思與「自然無為」這一道家工夫論的概念之為一種玄思，意思是不是一樣的？除非考量這些問題的答案都是正面的，否則戴教授的說法還是可能受到挑戰。

在戴教授的文章中，為了證實王弼在《周易注》中確實有一些以玄思為主導的原則，他舉了不少例子。這些例子大體是放在「明無必因於有，全有必反於無」原則之下的。根據這一原則，他列舉了「無陽而陽以之成」；無陰而陰以之生；無應而應以之大；無知而知以之明」這四個綱目來體現王弼的玄思，並說這樣的理解模式主要來自韓康伯《周易・繫辭傳注》的「道者何？無之稱也。無不通也，無不由也，況之曰道。寂然無體，不可為象。必有之用極，而無之功顯，故至乎『神無方，而易無體』，而道可見矣。故窮變以盡神，因神以明道，陰陽雖殊，無一以待之。在陰為無陰，陰以之生；在陽為無陽，陽以之成。故曰一陰一陽也」〔註23〕。然而，問題是，這四個綱目以及所舉的例證，真可以視為是對韓康伯「在陽而無陽，陽以之成」原則的詮釋嗎？所謂「無陽而陽以之成」，乃意味著剛爻之或處下位，或處陰位，皆是謙德之表現，陽爻雖然處在不當位的狀況下，卻可以藉著謙德之顯以成就。所謂「無陰而陰以之生」也是一樣，乃是說無論陰爻是否當位，祇要能以「以柔克剛」這種精神來尋求自我超越，也可以有所成就。所謂「無應而應以之大」，則是表示陰陽爻即使處在無應的狀態下，即使沒有相呼應、相輔佐的力量，祇要能自我超越，而不為困境所限，一樣能有所成就。而所謂「無知而知以之明」這一綱目，則是以蒙卦為例，不過此例並不是將之作為一個解釋卦爻位應的原則，而是對之進行一種義理式的發揮。也就是說，王弼祇是表示要用「藏明」的方式，去掉一切智巧，纔能真正成就智慧。

〔註23〕樓宇烈校釋：《王弼集校釋》（台北：華正書局，2006年），頁541。

　　綜觀戴教授所舉的這些例子，前三個綱目比較接近解卦的原則，第四個綱目則是在解卦之後對卦象義理的發揮，遠離此處討論的主題，故姑置勿論。而就前三個綱目來看，則有三個問題需要弄清：一是這些解卦原則是一個具有普遍性，而且貫通於整個《周易注》的原則嗎？二是王弼並沒有明講這些例子正是「在陽而無陽，陽以之成」這個原則的發揮，這祇是戴教授的詮釋，但說陰陽爻祇要處於不當位或無所應的狀況下，而能有所自我節制或是自我超越，便是所謂的「在陽而無陽」原則的展示，也就是全有必反於無之原則的體現，這樣的詮釋會不會太過寬泛了？三是如果說這樣的詮釋是恰當的，那歷來對卦象的解釋，從《象傳》、《彖傳》開始，有多少解釋不含著「玄思」？

　　韓康伯所謂的「在陽而無陽，陽以之成」，的確可以視為一種哲學觀點的展現，但他未必有意將這一觀點當成一個解卦的原則，而今天戴教授認為其中含著王弼解卦的原則，並且以之為其玄思的系統性展現方式，這樣的方法所遭遇的第一個挑戰，便是這一原則的不具普遍性。我們無疑可以找出許多例子，它們並不適用於此一原則。當然讚同者也可以辯說，這並不一定要把它當作一個普遍原則，王弼解卦可以有很多不同的原則啊！可是，若王弼真可以有很多原則，那豈不又是所謂的雜糅摻和了嗎？或者再退一步說，這個原則雖非普遍原則，但還是一個非常重要的原則，就在這一原則上，王弼表現了他會通儒道的努力，至於其他的原則，那祇是繼承於易傳的東西而已。可是，若真是如此，王弼就不能說是在全面地會通儒道，這樣不還是等於他在雜糅摻和嗎？再者，我也擔心我們可以依據這樣的詮釋方式，而說《象傳》、《彖傳》在會通儒道。例如，易經坤卦《文言》說「坤至柔而動也剛，至靜而德方」，這話是不是並不需要王弼來解釋，它本身就已經含著對「柔的一種超越，一種轉化，是在陰為無陰」了呢？蒙卦六五《象傳》說：「童蒙之吉，順以巽也。」這也是個陰爻而處陽位的例子，所以也是不當位，而《象傳》說它是吉，因為順以巽，那可不可以說這也是柔得尊位，而能以順以巽的方式自我超越，故能得吉呢？若是如此的話，那就真的到處都有玄思在了。如此一來，這樣的詮釋不就失去意義了嗎？而且，所謂的玄思究竟何指呢？祇要是陽不居首，謙德處下，便是玄思嗎？如果玄思是以「無」為準，則陽不居首、謙德處下之「無」是一種什麼意義之「無」？這會不會成為裴頠將損、艮、謙、節等卦比配到老子靜一之義的同樣思路呢？這樣說的「無」當然也不是

說不通，但它的意思已經不是一個究竟是從湯用彤的系統上說的（無是一個本體），還是從牟宗三系統上說的（無是一種作用上的去執，以及由此去執工夫所呈現的某種境界）存有論概念。也就是說，這樣的「無」將不再有系統性的意義，它祇是一個純粹就工夫上而說的有論概念。也就是說，這樣的「無」將不再有系統性的意義，它祇是一個純粹就工夫上而說的原則，而這個原則是不必帶著家派色彩的。我們不能一談到「謙虛」等等實踐工夫，便說它是儒家的概念，因為家派的決定因素不在此也。然則在這麼寬泛的意指之下，而說這裏面含著王弼的玄思，這句話的意義會不會也變得完全模糊了呢？由於我們是在王弼為了會通儒道這一認知下，而說他引入了「無」這個概念，以在《周易注》中表現道家的玄思；但是，如果這個所謂玄思的內涵，根本不必與道家構成必然的聯繫，那不就成了論題上的自我否定嗎？我很擔心的是，在韓康伯說「在陽而無陽，陽以之成」這話時，它還能保留其存有論的色彩——雖說這色彩是不是屬於道家的還可以存疑，但經過戴教授將之詮釋為四個綱目後，這存有論的意義便走失了，而走失了這一層意義之後，再來談王弼以道家的音場解《易》，恐怕也將成為一個不甚具有意義的判斷。

戴教授的一個基本判斷是王弼以「有無本末」的方式，作成了他援老入《易》的方法論原則，經此轉換後，《易經》義理乃從儒家《易》轉成了道家《易》。但是根據上述討論，恐怕不得不質疑這樣的判斷，因為戴教授所舉的例子無法支持作出如上判斷。再者，如果說王弼是以「自然無為」為本，以儒家的實踐體會為末，這裏所說的「自然無為」當然就是指四個綱目了，可如果這四個綱目就是自然無為的話，這「自然無為」就將不再具有決定王弼之為道家系統的意義，它與那些諸如「謙虛」等等實踐法則是同質同層的概念，因此它也不會是「本」。另外，韓康伯那段話其實就是一個存有論觀點，而未必是一個方法論觀點。從這個存有論觀點可不可能發展出一個方法論的觀點？如何發展？這都可以討論，但無論如何，它並不是從「在陽而無陽，陽以之成」這個存有論命題直接可以轉成「無陽而陽以之成」的方法論命題的。若沒有注意到這一點，便可能混淆了「本末」「有無」「有末無本」這幾個概念之間的分際。也就是說，我雖然佩服戴教授能以如此曲折而有創意的方式，來為王弼「援老入《易》」以會通儒道建立一套理論體系，但我仍然覺得這似乎仍不足以真正解決此一問題。因此，我仍然強烈地懷疑王弼註《易》有所謂嚴格意義下的「援老入《易》」。然則如果建立不起來嚴格意義上的援老入

《易》，那在哲學上會產生什麼後果呢？

若是如此的話，那我們就絕對不能說王弼已然改變了《易經》詮釋的儒家本位立場，也不能得出王弼創造了「道家《易》」這樣一個判斷。如果說王弼在注《易》時仍然是典型的儒家立場，或者至多說他在某些實踐的體會上採取了近似於道家的體會，可是原則上仍是繼承了《彖傳》、《象傳》的傳統，那麼，就需要重新評估王弼哲學的基本立場。因為，王弼主要著作有兩部，結果一部《老子注》是道家的思想，一部《周易注》是儒家的思想，這如何可能呢？即使是一個思想不成熟的人，那也至多祇是一團糊塗，而不至於在兩本大約作於同一時期的著作中清晰地表達出兩種思想來。這表示了什麼？當然不是意味著王弼思想如此破裂，而是意味著後人統整詮釋王弼思想的方向出了問題。果真如此的話，那我們是不是還有把握說，王弼乃是玄學的創始者呢？還能對現行玄學分期抱持那麼大的信心嗎？

四、玄學重新分期之可能

現行的玄學分期無論在歷史、哲學史還是哲學層面上，都有著重大而無法解決的困難。如果我們想突破上述分期困境，一個最簡便的處理方式是，把正始玄學與竹林以後的玄學脫鉤。祇要不再將王弼視為玄學的創始者，而將玄學的首出者交給嵇康，問題便能迎刃而解。至於說可不可以將何晏、王弼視為玄學的先行者，還要不要稱呼他們的哲學為正始玄學，這都是小事了。

首先，就歷史層面看，將何、王拉回漢代學術，而不將他們視為玄學的創造者，最明顯的好處就是可以避免現行的玄學分期無法找出漢魏思想之間的歷史因果尷尬。因為在歷史因果線上，既沒有一個所謂的漢代道家復興運動，也沒有在正始之前所謂「自然」與「名教」相對立的事實，更沒有什麼荊州學派的存在；事實反而是，當時經學雖確有明顯的沒落情形，但王肅（195～256）的經學在魏初的影響力仍然是巨大的。王肅的經學傳自荀爽（128～190）一脈，荀家在魏初的政治中是最薰灼的亨門之一。這些都表示了漢魏之間，至少到正始之前，其學術風氣上的延續關係並沒有發生多少變化；從何晏的《論語集解》可以看出，其間並沒有斷層。至於有人會質疑說，畢竟是從何、王才開始提到老莊的啊！可是，這個問題並不一定就構成思想史上對兩漢學風的顛覆。因為，我們還得看看老莊究竟是在什麼語境中被帶進來的。

在《三國志‧魏書‧管輅傳》中，有句話透露了一個很重要的消息。它說，何、王之徒乃是「差次老莊而參爻、象」〔註24〕。也就是說，老莊之被引進到時人語境中，是為了《易經》相關討論的需要。當然，也許有人會將這句話當成何、王「援老入《易》」的證據之一；但假如「援老入《易》」祇能按寬泛之義來理解的話，那就必須說，當時易學的傳統仍是最主流的學術內容，祇是在解《易》時有了像是屬於老莊的某些義理介入而已。以易學為主流本是兩漢學問的重要特色，而以老莊之部分語彙（不是概念）介入易學，也並不始於何、王，揚雄便是肇始者，並且在學界流傳，從中可以看出與何、王思想間的因果。〔註25〕換言之，把何王之學重新納回到兩漢學術中去，在思想史層面是沒有困難的。

至於兩漢學術與嵇康之間的歷史因果，我曾在另一本著作《歷史旳嵇康與玄學的嵇康》中做過論證〔註26〕。兩漢學術的完全沒落，其實是到王弼之後纔明顯的。一個最明確的證據，便是從王弼之後的整個魏晉幾乎就再也沒有夠分量的易學著作了（虞翻非中土學者，其間有因文化之邊陲所造成的時間差是必然的，所以不能以之為例）。而正始以後的清談，至少在西晉以前，幾乎找不到任何名士討論易學的證據，這不是偶然的。試想，以《易經》在兩漢學術中的重要性，而且在魏初眾多學界人士如荀顗（？～274）、荀粲、管輅（209～256）等的討論中，都還常圍繞著《易經》打轉，何、王更不用說了，但這一風氣突然在短期內，也就是在嵇康、阮籍之說興起後有了變化，這豈能沒有重要意義？不過，嵇康之學也不是肇因於對兩漢學術的反動。影響嵇康思想最重要的因素，其實是來自他家世的天師道信仰〔註27〕。嵇康不是士族出身，是無可置疑的，而且也有證據顯示，他在《養生論》中的觀點主要是為了反省天師信徒對仙人的看法〔註28〕；而《養論》在嵇康思想中所具

〔註24〕〔晉〕陳壽：《三國志》（北京：中華書局，1971 年），頁 820。

〔註25〕謝大寧：《從災異到玄學》（臺北：台灣師範大學中文研究所，1989 年，博士論文），頁 128～254。

〔註26〕謝大寧：《歷史的嵇康與玄學的嵇康——從玄學史看嵇康思想的兩個側面》，頁 54～115。

〔註27〕嵇康在《養生論》中曾談到他對長生不老的看法，他認為不死是不可能的，但養生延年則是可能的。相關討論，見前註引書，頁 82～85。

〔註28〕嵇康在《養生論》既認為不死是不可能的，但養生延年則是可能的，又相信有仙人，但仙人不是通過養生而成的，而是「特受異氣」而成；如果我們注意到敦煌出土的《老子想爾注》所說的「不勸民真道可得仙壽，脩善自勳。

有的關鍵地位，人們也不會有異辭；所以，嵇康心中的問題意識，其實與漢代的學術主流關係不大。這也可以從嵇康本人的一些觀點看出來。比如，他所不經意提到的一些易學觀點，其實祇是漢代一些很通俗的觀點，而與東漢後期以迄魏初的一些觀點毫不相涉。〔註29〕這一現象當然是有意義的。因此，嵇康的思想並不是與漢代無關，而祇是與當時出身士族人物的學術淵源不同。天師的信仰，如果借用人類學的詞語，是來自於漢代的「小傳統」。這個小傳統的主要內容，包含著兩個因素：一個是由董仲舒（前179～前104）所開創的災異天人思想之世俗化，以及由之而轉出來的民間之醫卜星相的方術傳統，另一個則是從戰國後期即在中國流行的仙人信仰。這些內容，匯聚為漢末在民間影響力極大的《太平經》、《老子河上公註》等書。在這些書中，「養生」是一個重點。正是這樣一個課題，吸引了嵇康的關注。換言之，我們可以為嵇康的思想追尋出它與漢代思想的因果，而這一循小傳統的追索方式，也可以讓我們順帶解決一個問題，那就是為什麼嵇康的思想與王弼一點交集都沒有。這也不是沒有緣故的。

其次，從哲學史層面看，如果將何、王拉回到漢代的學術脈絡中，在哲學史上立即可見的好處是，再也不必用「天才」的方式來講述王弼了。如果何、王思的思想必須上屬兩漢，則就很容易連上揚雄、王弼在哲學史上的線索，從而完成兩漢哲學史的完整解釋。熟悉兩漢哲學的人都清楚，無論其合理性如何，董仲舒的確為兩漢哲學奠立了一套相當完整的典範性架構，而且這套架構對兩漢的影響是全面性的。後來在大傳統中，兩漢的經學、讖緯、政治乃至倫理社會，都受到這套東西的規範，甚至在小傳統中的方術，有不少也是由這套東西滲透下來的。就這套典範而言，雖然它在原則上很少受到挑戰，但它在哲學上也並非從未曾遇到挑戰。事實上，在東漢後期，這一典範已經面臨著強弩之末的窘境。從思想史與哲學史考察，整個兩漢能夠對董

反言仙自有骨錄，非行所臻，……此乃罪盈三千，為大惡人」饒宗頤著：《老子想爾注校證》（上海：上海古籍出版社，1991年），頁23。這話，當可知該書的流行時間是在嵇康之時，而嵇康的觀點正是反映了這一爭執。也祇有從這個角度看，才更能理解嵇康為何要提出仙人乃是特受異氣的緣故。

〔註29〕例如，嵇康在〈答釋難宅無吉凶攝生論〉中說：「乾坤有六子，支幹有剛柔，統以陰陽，錯以五行，故吉凶可得，而時日是其所由，故古人順之。」〔三國魏〕嵇康著，戴明揚校注：〈嵇康集校注〉（北京：人民文學出版社，1962年），頁296。這一觀點祇是漢代早期在將五行引入易學後的通俗觀點，到漢末時已經少有人說了。由此也可看出，嵇康與漢末學術主流是有距離的。

仲舒思想做出具有哲學意義挑戰的，祇有揚雄一個人。揚雄的挑戰其實也沒
有多了不起，祇是他對董仲舒所意許的、可以決定人間一切的「天命」，基本
上持不可知論的觀點。這並不是說揚雄反對董仲舒所主張的具有神格性的天
命，他祇是認為人們並不能通過什麼手段來占測它，所以他主張天命應該用
「無」來表示，並認為這個秘密是被老子窺破的。他做如此主張，原是為了
在《法言》中所表達的一個重要的實踐觀點，也就是「欲知天，以人事」這樣
的說法。這個說法某種意義上的確是把漢儒與孔子的距離拉近了一些，但它
並沒有改變一個基本事實，即揚雄仍是一位廣義上的董仲舒信徒。換言之，
揚雄並不是一位針對董仲舒全系統而言的異議分子，可是他的不同觀點確實
有重要的哲學意義。揚雄本人不祇是人格上存在著矛盾，其思想也充滿了矛
盾。比如，他在綜述《太玄經》的基本哲學立場時提出了「無」的觀念，而且
還參考了京房的卦氣說，但他並沒有看出來這當中所可能存在的矛盾。不過
揚雄這一批判性的意見，的確合理地推衍出了反對災異說的觀點，這就有了
挑戰董仲舒的動能。這個動能，在東漢時直接促使了桓譚、王充以及張衡
（78～139）等人的持續保持異議。正是由於這一差異，使得東漢時的今古文
之爭，不再祇是文字訓詁的問題，而更具有了思想的內涵。從兩漢哲學史的
脈絡看，揚雄的說法開始使董仲舒的系統出現了量變因子，質變則開始於古
文家之壓倒今文家，而對董仲舒的典範構成致命性一擊的是王弼。將王弼上
屬於這一傳統，這條線索便可以完足起來，否則兩漢哲學史始終是有重大缺
陷的。

　　至於在嵇康一面的好處，除了不必再為王弼與嵇康間不存在任何哲學論
題之關係的現象傷腦筋外，還可以附帶開發出另外的哲學史論題，也就是道
教在中國哲學史中的定位。以往我們很少賦予道教任何嚴肅之哲學意義，但
不管是葛洪（284～364）也好，周敦頤（1017～1073）也好，都與道教有著千
絲萬縷的聯繫。如果我們總是忽略道教在中國民間的豐沛生命力和創造性，
那麼對中國哲學史的理解便可能陷入某些盲點而不自知。對於嵇康哲學的產
生，當可做如是觀。

　　最後，從哲學層面來看改變上述分期模式的好處。就王弼這一面來看，
主要好處就是可以有希望來解決存在於王弼《周易注》與《老子注》之間的
矛盾。如果所謂的「援老入《易》」並不能理解為嚴格意義下的以老子思路來
詮釋《易經》，那如果還要以道家的立場來說王弼的《老子注》，就有可能使

王弼的思想陷入嚴重的分裂現象。避免這一情形的解決之道，在於把王弼思想與揚雄相聯繫，即把王弼所反覆強調的「無」，不與先秦道家相繫連，而與揚雄所說的「玄者，幽攤萬類而不見形者也。資陶虛無而生乎，規攤神明而定摹，通同古今以開類，攤措陰陽而發氣」（《太玄·玄攤》）等同起來。也就是說，既不是將「無」當成湯用彤所說的本體，也不是將之理解為牟宗三從作用見性上所說的「工夫」概念，或者是從境界形態的形上學立場上說的擬似的「存有」概念，它還是在漢代氣化宇宙論中，那氣化的源頭即所謂「幽攤萬類而不見形者」是也。「無」是說這源頭的不見其形，也就是一種天命的不可知論。這在揚雄，他並不認為如此理解乃是道家的立場，相反的，他基於「夫子之言性與天道，不可得而聞也」的說法，而認為這樣纔是孔子真正的態度；後來不管是桓譚也好，王充也好，乃至其他許多古文家，一提到這意思，便會引出《論語》的這句話。〔註30〕換句話說，揚雄對玄的理解，在他自己的詮釋中，這其實是儒家的立場，他也因此一立場而提出「欲知天，以人事」的觀點。如今如果王弼所說之「無」也是此意，那就很容易理解他為什麼會以如此與漢儒不同的方式來作《周易注》了。漢儒研究《易經》，主要是為了占測天命，但王弼注《易》完全轉從人事上立論，這與揚雄的思想乃是若合符節的。這樣一來，也就能夠將他這兩個重要的注解聯繫起來，而不會形成詮釋上的破裂了。而如此理解「無」的方式，以及由此所引起的系統改換，對實際進行王弼這些註本的詮釋，對他兩篇略例的詮釋而言，都並不會構成困難，也是比較理想的方式。

當然，這樣的詮釋也會付出一些代價，那就是再也聯繫不起來王弼與道家的關係了。這一點也不用可惜。既然王弼已被重新置入漢代學術之中，而與玄學脫鉤，那他與先秦道家有沒有關聯，不會影響到玄學與道家相不相關的任何判斷。事實上，將嵇康的問題意識上溯到道教之養生，反而更容易與先秦道家尤其是莊子構成關係，而不必再通過王弼來轉折了。這可能反而是詮釋上更方便的一條路。當然，一定還會有人感到不安，因為王弼關於「聖人體無」之類的說法，至少在牟宗三的系統看來，與先秦道家有太神似的關

〔註30〕例如，桓譚在上漢光武帝〈抑讖重賞疏〉中便以「蓋天道性命，聖人所難言也。自子貢以下，不得而聞，況後世淺儒，能通之乎！」〔宋〕范曄撰：《後漢書》（北京：中華書局，1973年），頁959～960。作為抑讖的理由，班固在畦孟等喜言災異之人的傳贊中也有類似說法，這顯然不是偶然的。

係,因此如何可能不理會這樣的句子而逕行切斷王弼與道家的關係呢?其實,之所以會認為「聖人體無」之義與道家太過神似,是因為牟宗三傾向將「體」字理解為「體證」之義,然而在王弼之前或是當時,「體」字從來沒有作「體」解釋的證據。〔註31〕此一「體」字乃是「體會」之義,表示對「無」的某種認知性理解。若是如此的話,則「聖人體無」表示的恐怕就不是一個實踐式的概念,因此也就沒有所謂與先秦道家神似的問題了。

對任何學術史而言,分期問題都是最重要的部分之一,因為它表示的是這個學術樹立在研究者心中的一套學術世界觀。而祇要這套世界觀維持穩定,就不容易看到原創性的東西出現;唯有從世界觀的開放起,創意纔會開始進來。以宋明理學為例,我們看到由理學、心學的二分式對立,轉移到三系時,其間出現了重大學術躍進;而三系由主觀唯心、客觀唯心、唯物論轉移到理本論、心本論、氣本論時,也同樣代表著學術上的大躍進。換言之,每一次分期模式的改變,似乎都意味著某種契機。而玄學的世界觀之所以會延續如此之久,並非顯示了當初原創者的大智慧,而是後來者缺乏批判所致。所以,盼望所有關心玄學的人都來關注、反思它的分期問題,並由此再度開闢屬於玄學研究的黃金時代。

收入《南國學術》第九卷第一期,2019 年 1 月,頁 50～65。

〔註31〕 在黃俊傑教授主持的為中國古代經典詮釋研究計劃所舉辦的研討會上,筆者曾提交〈從老子王弼注和老子河上公注的對比看代相關詮釋的一些問題並兼論漢魏之際時代思潮的流變〉一文,尚不曾發表於期刊。

魏晉玄學中「情」的命題

摘要：

　　文章主要提出一個基本的問題意識，即如果魏晉時期乃是依據莊子思想所發展的中國藝術精神之盛行時期，那麼這一問題意識究竟是如何展開的？作者認為如果依據今天主要的玄學詮釋系統，將很難具體展開，除非能夠補進「情」這個特別的概念。作者認為「情」這個概念有意識地進入玄學討論之中，事實上開始於嵇康「顯情無措」這個命題。從思想的角度，嵇康此一命題固有不審之處，但無意間卻開啟了一個新的思想領域，並在嵇康與阮籍的顯情表現中，為魏晉玄學與中國文學藝術表現的連接，開啟了一扇窗口。文章通過嵇康〈聲無哀樂論〉一文中的「虛靜」概念的歧異，論證了「情」這一概念是如何進入文學藝術之表現中的，同時也說明了這一表現最後為何會回歸到莊子思想。通過這一論證，作者認為也就可以補足徐復觀先生在《中國藝術精神》一書中沒有完成的論證。

關鍵詞：莊子思想、魏晉玄學、中國藝術精神、嵇康、顯情、虛靜

　　去年我在研討會中，談到了魏晉玄學目前詮釋典範的問題，我認為湯用形先生的詮釋典範已經「統治」了太久的時間，這其實是個怪異的現象，因為此一詮釋典範問題實在存在著太根本性的問題，卻仍然有著這麼大的影響力，實在有些不可思議。也因為如此，整個魏晉玄學不只很難跟莊子的思想構成緊密的聯繫，也很難跟後來佛教的般若學勾連上直接的關係。[註1] 湯先

〔註 1〕這當然涉及詮釋問題，湯先生也許不覺得這是問題，但把魏晉玄學放到本體論的脈絡中，跟一般認知的莊子思想，的確很難有交集，特別是佛教和任何型態的本體論都存在著本質上的歧異，這是很明白的事。「法無自性」一個命題已經攔阻了佛教和本體論溝通的空間，這尤以龍樹的思想為然。

生本來是為了佛教史的研究而處理玄學，玄學從歷史角度上看，它在銜接龍樹學上也的確扮演了關鍵的角色，但按照湯先生那種本體論式的詮釋，卻在哲學上根本封阻了兩者銜接的可能，這其實是說不通的。這當然是湯先生詮釋典範的致命傷。而另一方面，湯先生的詮釋典範也產生了一個效果，就是阻擋了其他重要命題進入玄學討論的機會〔註2〕。在我看來，「情」這個概念就是一個顯著的例子。本文即想談談這個課題。

一、從徐復觀先生的《中國藝術精神》〔註3〕談起

　　徐復觀先生的名著《中國藝術精神》一書，很具慧眼地指出了中國後來藝術的許多領域，特別是中國繪畫主流的山水畫與山水文學等，其精神的源頭都來自於莊子思想，並且詳細討論了莊子思想怎麼提供了這一銜接的關鍵點。徐先生不是哲學家，所以他的討論是否精準姑且不論，但他的確指出了一個事實，就是莊子思想提供了中國文學藝術發展最寶貴的思想資源，這是誰也不能否認的。但是這影響從思想史的角度看，到底是怎麼轉化的呢？

　　坦白說，在這個問題上，徐復觀先生幾乎不曾給我們任何答案，他的書只在討論完了莊子之後，就直接跳進了謝赫六法的討論，這中間幾乎沒有任何銜接。我當然不知道以徐先生的高明，怎麼會發生這樣的問題，在這裏他居然會跳過討論玄學，是很不可思議的。但我私下猜測：有沒有可能是因為他無法批判湯先生的詮釋典範，卻又很明白湯先生的說法，無法構成這種銜接性的詮釋所致。可是一個明擺著的常識，也就是正是玄學承接了莊子，然後才可能有這樣之轉換的。於是這問題當然就在於我們怎麼講出這一轉換了。

　　在我的相關討論中，我其實已經試著提出一些顛覆湯先生典範的新觀點〔註4〕，我認為湯先生整個詮釋典範的最基本問題出在他必須按照傳統常識性的說法，把玄學的起源定在王弼身上，這就構成了一個重大的限制。為了說明王弼的思想與漢代的承接關係，湯先生很有創意地引進了本體論與宇宙論的對舉，這一引入的問題我之前已經處理過了，茲不討論。但這一引進，

〔註2〕在我看來，以本體論的方式理解魏晉玄學，阻擋掉的最重要命題，就是魏晉玄學和魏晉文學發展中的美學命題的關係，這也是最可惜的部分。

〔註3〕詳見徐復觀：《中國藝術精神》（台北：台灣學生書局出版，1966年）。

〔註4〕詳見拙作《歷史的嵇康與玄學的嵇康》（台北：文史哲出版社，1997年），〈試論玄學的分期問題〉，澳門《南國學術》，2018年等。

一個明顯的限制就是一個本體論的「無」的概念，就限制了王弼思想詮釋與莊子連接的可能。但我們都知道，玄學到後來幾乎都變成了莊子學，《易經》的功用已然不見了，所以講不明白這點，當然就無法真正講清楚玄學。

就這點而言，牟宗三先生的問題意識是清楚的，他認為一定要找到哲學上真正可以連接莊子與魏晉玄學的關鍵點。〔註5〕當然，如我們所知的，牟先生仍把這把鑰匙放在了王弼思想之上，他嘗試改換湯先生在哲學上的詮釋典範，因為他清楚知道，本體論的詮釋是無法真正聯繫到莊子的。對這樣一種詮釋典範的轉變，我認為牟先生的確是找到了一個重要問題點，他的境界型態形而上學的觀點無論是否足以說服大家，但他至少做到了一點，那就是為莊子思想的重新回到魏晉玄學，開啟了一扇窗戶。

可是我也以為，牟先生的說法在一點上，也上了傳統常識觀點的當。他不曾質疑過把此一聯繫放在王弼身上的合宜性〔註6〕。既然選擇了王弼，那就注定要經過一番論釋上的曲折，因為王弼不曾講過莊子。當然牟先生不認為這是威脅，他認為通過援老入易這一觀點，可以輕易解決王弼講易經與老子時的思想一致性問題，然後把王弼的《老子注》詮釋為與莊子可以相一致的觀點就行了。然而在我看來，問題遠遠不那麼簡單，因為「援老入易」這個觀點其實並不一定經得起檢證〔註7〕，王弼的易學也不是簡單依據道家來講易學而已〔註8〕，王弼的《老子注》與《易經注》的關係，如果仔細檢討起來，恐怕並不見得是以老為主、易為從，而且王弼所意想的老子，也未必是莊子所意想的老子〔註9〕，王弼思想的詮釋問題，可能比牟先生所想像的要複雜得

〔註5〕牟先生一開始討論魏晉玄學，就是依照他對先秦道家的理解來展開其詮釋脈絡的，這是他跟湯用彤先生詮釋的最大不同點，這也是牟先生之詮釋有效性比湯先生來得高的主要原因。

〔註6〕在牟先生《才性與玄理》一書中，主要就是處理王弼、郭象，嵇康則被放在一個很不顯眼的位置。牟宗三：《才性與玄理》（台北：台灣學生書局，1963年）。

〔註7〕戴璉璋先生曾很著力地希望為《援老入易》這個概念建立其合理性，參見戴先生的《玄智、玄理與文化發展》一書〈王弼易學中的玄思〉一文。戴璉璋：《玄智、玄理與文化發展》（台北：中央研究院中國文哲研究所），頁26～80。在拙文〈試論玄學的分期問題〉已有討論。

〔註8〕王弼的易經注嚴格來說，他的解經主要還是繼承了象傳的傳統，論其主要思想，也並非來自道家，這是無法改變的事實。強要說王弼講的是道家易，那無非只是罔顧事實的詮釋暴力而已。

〔註9〕王弼說老子，大體常強調所謂的「崇本舉末」，強調「無」為本的意思。這意

多，所以牟先生希望將王弼以可與莊子兼容的方式來詮釋他的老子注，其實也未必能解決湯先生詮釋典範的問題。

關於這些問題的詳細論證，我大致已經在之前的一些文章中討論過了，此處不贅述。也因此，我在考慮了諸多問題後，發現只有放棄以王弼為玄學標竿人物的想法，才有可能脫困，否則所有問題都將糾纏在一起，而沒有解決的可能，所以也當然必須放棄湯用彤與牟先生這兩個詮釋典範。我的基本做法是改以嵇康作為玄學真正的領軍人物，而將王弼放入兩漢以易學為核心學問的思想脈絡之中，並認為王弼的老子注其實是為了提供其易經注之立場的一個補充性說明，這樣一來，我就可以把相關論題從玄學中切出去，單純化地來看玄學的論題〔註10〕。這樣的做法當然不可避免會遭來攻擊，比如說以裴頠的〈崇有論〉為證據，來證明這些後來的玄學論題其實都是針對王弼而來的，所以把王弼切出去是不對的，等等〔註11〕。此處我無暇做這些辯論，像崇有論只要仔細讀一讀，就會知道裴頠真正針對的其實是嵇康，而非王弼，類似辯論當然都可以進一步討論，但我這樣的做法，最大的效果就是可以單純地從嵇康身上來開始談莊子思想的復興，因為這是有明白證據的〔註12〕。

如果說玄學的論題是單純的，也就是說把莊子思想當成一種人生的指導，具體地在生活中將莊子所標舉的人格活出來，乃是玄學最核心思想的話，相信是可以完全解釋魏末以迄西晉的學術與士風的〔註13〕。但是如果回到徐復觀先生的論題，也許可以為莊子思想的復興找到一種歷史思想可以轉

思是不是湯先生的本體之義另當別論，但這樣的老子詮釋和莊子強調的一種精神上的無為無執，顯然是兩回事。我們常以王弼曾說「得意忘象」，便以為王弼和莊子有某種思想上的淵源，這其實是想多了。「得意忘象」在王弼只是解易的一個方法論概念，這和王弼思想的本身乃是兩回事。

〔註10〕詳細論證請參閱拙作《歷史的嵇康與玄學的嵇康》。

〔註11〕就裴頠〈崇有論〉本文來看，雖未直接點名王弼，但他的論點似乎都是直接針對王弼說「無」的講法而來，歷來解者也都持此一立場，但這其實只是裴頠本身無法分辨清楚所造成的烟幕而已。

〔註12〕嵇康的注意莊子，剛開始恐怕也不是因為思想的原因。嵇康少時作品也看不出來他有特別留意莊子，我判斷他是因為被迫隱居之後，才開始引莊子為同道的。沒想到這樣一個因緣，竟然促成了莊子學的復興。

〔註13〕整個魏晉時期所謂的「名士風度」基本就以莊子書中某些人格樣態為原型，大體不會有問題，當然，就原型的現實面來說，也許應該如下文所說，其實只是對阮籍人格樣態的複製。

成一種藝術精神，與藝術上的具體實戰。莊子作為一個人生哲學，這是在莊子文本中就已經明白呈現的，但人生哲學可以轉化為一種表現到藝術創作上去的實踐力量，這其間似乎還需要有一個屬於藝術實踐層次的轉接點，就像弗洛伊德說心理的「升華」乃能轉成一種藝術實踐的動力一樣，這樣的轉折才能具有說服力。作為一種人生哲學的指導，並不意味著它就可以同時是一種藝術實踐的指導，與藝術精神的體現，這畢竟是兩個領域的東西，除非這兩者之間曾經有人做出具體的聯繫來。如果是如此的話，那會是什麼扮演了這一角色呢？就玄學在湯、牟二先生的典範中，我們好像看不到哪個概念可以扮演這一角色，然而我們該如何理解由徐復觀先生的討論中所內含的這個問題呢？

二、「情」作為玄學的一個哲學概念

現在我想暫且跳開上述問題，來談談魏晉時代所出現的一個討論，也就是關於「情」的討論。如前文所說的，這個概念在玄學目前的詮釋典範中，是沒有地位的。「聖人有情」，這是一個玄學中著名的論題，但這個命題在現在的所有討論中，情都不是討論的重點。這命題是對著聖人無情的觀點而說的，情只是個被帶出來的概念，本身沒有獨立性。把情單獨變成一個玄學的論題，乃是吳冠宏的講法，但我覺得這講法是有趣的，也是個很有潛力的講法。

情這個概念在中國哲學中，基本上幾乎都被當成一個無足輕重，甚至是個負面的概念，它從未被當成一個正式而正面的主要概念來討論〔註14〕。然而如果要把情當成魏晉玄學中的一個主要哲學概念來看，有證據嗎？有可能嗎？就證據來說，吳冠宏的系列文章已然證實了這是沒有什麼問題的，但是吳先生對這些證據的運用，看來是有問題的。他把王弼的聖人有情說當成了第一個證據，如此說當然也不奇怪，因為他仍然完全相信王弼乃是玄學第一人，也基本仍服膺湯先生的詮釋典範，既然他要把情當成玄學的一個重要概念，當然會要從王弼身上找證據，因此他也就看到了聖人有情的說法。或者他其實是從這證據而想到可以將情提煉為一個重要概念。但無論如何，聖人

〔註14〕先秦的相關討論，大概都在「性」這一概念上打轉，孟子使用了「情」字，但嚴格說，孟子關於情的討論，其實是在四端這個概念上，孟子說的「乃若其情」之情，只是「實」的同義詞，而不是一個獨立的概念。情字大概是到漢朝董仲舒的「性善情惡」說才真成為一個概念，但也只是一個負面的概念。

有情這一命題，其重點是在「茂於人者神明也」這意思上，玉於「同於人者五情也」只是在說聖人之情與眾人同，情在這裏根本不構成一個要討論的概念，所以這個證據對提煉情為一個重要概念，意義是不大的。

在我看來，其實將情發展為一個重要的概念的最重要證據，還是在嵇康身上。嵇康在「釋私論」中的「顯情無措」這一命題，我認為具有重大意義。嵇康這篇文章很有意思，他寫這篇文章是有政治目的的，因為他想用這篇文章來批判當時司馬家政權，只為謀士族的私利，所以他要討論一下他認為的公私問題。政治問題對本文來說不重要，重要的是他採取了一種特殊的觀點來論公私的問題。就概念來說，他對公私的說法，帶出了一個相當有趣的命題。在拙作《歷史的嵇康與玄學的嵇康》中，我大致做了如下的說明：

> 如果從嚴格的論證觀點而言，嵇康此文恐怕是很成問題的。這是因為他在此文中的幾個主要概念，其界義常有滑轉故。在嵇康此文中，他原想給君子、小人之別作出重新的界定，所謂「言君子，則以無措為主，以通物為美。言小人，則以匿情為非，以違道為闕」是也。但何謂「無措」呢？嵇康的第一個詮釋乃是「心不存於矜尚，情不繫於所欲」，這「不存、不繫」即是所謂的「虛心」，也就是心無執著之義。這意思原也坦然明白，故嵇康特別引述了「及吾無身，吾又何患」而說「無以生為貴者，是賢於貴生也」。由這段引文，我們也可確知嵇康的確能把握無執無為之義，由此也可以聯繫到他所謂的「自」義之一個面向，因為他正是由無措而說「任自然」、「任心」。然而，如果說無執無為乃是君子之所以為君子的標準，則小人便似乎不應只以「匿情」來界定，但嵇康不只以此來說小人，而且進一步乃以「顯情」來詮釋無措，這顯然出現了滑轉。當他說「傲然忘賢，而賢與度會；忽然任心，而心與善遇；儻然無措，而事與是俱」時，大抵還是承無執無為義而說；當然人亦可以質疑，何以任心即能心與善遇？這樣的說法無疑不太可能有道德哲學上的意義。這且不言。此處更值得我們注意的，則是嵇康突然說「顯情無措，不論於是而後為也」。「不論於是而後為」說的是不執著於任何固定的價值標準，這和顯不顯情有什麼必然的關係呢？如果說匿情之人通常源於某種執著（但這話並不能倒過來說），這猶有可說，然而它並不能推論到一執著之人必會顯情，這是因為這兩個命題間並不等同於

邏輯上最簡單的一組矛盾對當關係，不執著和執著這兩個概念不是一組「對偶」（Duality），不執著乃指對執著的超越之故。此所以筆者乃說嵇康於此有了滑轉。然則這滑轉對嵇康所說的自然義，會發生哪些影響呢？

嵇康順上述的滑轉，乃提出了「公私」這組概念，以作為進一步區分君子、小人的標準。公即顯情，私即匿情。依其意，人很少是純善或純惡、上智或下愚者，絕大多數的人皆是「中人之性」，亦即人皆可善可惡，因此拿行善、行惡來區別君子、小人是沒意義的，倒是以公私判來得好些。因此他說「公私者，成敗之途，而吉凶之門」。但世間之人總是「以不措為拙，措為工，唯懼隱之不微，唯患匿之不密」，是以「能成其私之體，而喪其自然之質也」。這說法十分值得注意：如果說匿情以成其私，即是喪其自然脂質，則此處所說的自然究竟何所指呢？很顯然地，既然自然之質的得喪，只以情之或顯或匿來規定，則自然也者，便不可能是指對執著相之超越，換言之，這自然便不可能再是心上的問題，而成了才性、質性、情性這一意義下所的自然（Nature）了。此乃因為顯並不是對匿這一境界的超越之故也。這也就是說，如果把無措理解成顯情的話，則「越名教而任自然」和「越名任心」這兩句話便將很難再畫上等號，於是「自然」一詞在此文中乃顯然發生了歧義，這恐怕是嵇康完全不曾自覺到的一個結果。他完全沒想到體亮心達、心無所矜、情無所繫的意思和「垂坦蕩以永日」這顯情無匿的意思，根本不是同質的，於是當然就由無措義的滑轉，進而導致了自然義的滑轉。

也正是由於此一滑轉，而造成了釋私論最後一段的繳繞。在這段中，嵇康論第五倫的有非而無私，一方面把是非和公私彷彿又分成了兩組概念，也就是他彷彿看到了無措和顯情的不同，因此他說「私以不言為名，公以盡言唯稱，善以無名（吝）為體，非以有措為負」，又云「言無措者，不齊於必盡也；言多吝者，不具於不言」；但另一方面，他似乎又不能明確講出無措和顯情的差別所在，甚至又把有措和匿情、非和私等同了起來，而云「所顯是非，不可謂有措」，這當然是徒增詞語上的麻煩。其實筆者以為，嵇康這最後一段對是非

公私的區分是很有意義的，如果我們知道不執著（無措）是對執著的超越，它和「顯匿」的對偶關係不同，那麼我們便可以很容易將釋私論的層次感區隔出來，讓它的義理脈絡明確化，從而也就能夠區分出嵇康使用「自然」一詞的歧義所在。如其所云「無措之所以有是，以志無所尚，心無所欲，達乎大道之情，動乎自然，則無道以至非也」，這裏「自然」一詞便顯然不是「自然之質」之義。能如此區分，對理解嵇康思想而言，當然是重要的第一步〔註15〕。

該文我討論的重點是在嵇康對自然這一概念思路上存在的滑轉現象，而不在討論「顯情與匿情」這一組概念。嵇康以「顯情無措」來定義公，以「匿情有措」來定義私，這定義當然是有問題的。姑且不談以如此的方式來定義公私好不好，對不對，我已然指出了「顯情匿情」與「無措有措」作對舉的不恰當，但不管嵇康的思路有多少問題，他高舉了「顯情」這一命題，卻是很有意思的一個發展。顯情者，就是毫不掩飾自己的情志，敢表現自己的個情與情志，這對以往傳統的思想，無疑是一個突破。〔註16〕

嵇康這一命題並不來自於莊子，儘管莊子裏頭的某些寓言，比如解衣盤礴等的說法，在某些文學隱喻的脈絡裏，有著一種解放個性的聯想空間，但莊子的原意畢竟不是如此，他只是在說一種辯證式的詭辭，說一種無執的超越，而不是嵇康此處所說的個性情志的解放〔註17〕。這就成了中國思想史中的第一次突破。這個概念對嵇康的思想與人格而言，是極為重要的。從歷史的角度看嵇康，他毋寧是個悲劇人物，高平陵事變之後，司馬家奪權成功，

〔註15〕拙作：《歷史的嵇康與玄學的嵇康》，頁 13～16。

〔註16〕中國傳統思想所鼓勵的人格樣態，大體以「中庸」為準則，這不只是儒家而已，即使是道家思想，莊子在論述方外之士時，似乎有某種放任個性的姿態，但也只是放在遠離世俗的山巔水涯之中，以某種冷汰萬物的方式出現，但在世俗之中的方內之士，莊子也並不鼓勵個性、情志的直接表現，這也就是說，嵇康大概是中國思想家中第一位鼓勵彰顯自我情志與個性的人。

〔註17〕拙作〈莊子對孔子的評價〉中曾討論了一個莊子學中的重要問題，的確，莊子中是有一些看起來驚世駭俗但又膾炙人口的故事，讓我們以為莊子中的主人公彷彿總是一些很有個性、我行我素的人物，但是莊子大抵都將之歸類為方外之士，可是他通過《養生主》中秦佚的故事，清楚指出了方外之士的描繪，只是為了襯托出方內之士的真正無執無為的內在，這兩者乃是一種明白的辯證關係，而莊子思想的真正歸宿則仍在方內之士。這點是討論莊子思想時，必須特別注意的。拙作：〈莊子對孔子的評價〉，《中國學術年刊》第 12 期，1991 年，頁 45～46。

身為曹家女婿的嵇康，他的政治處境自然十分艱難，也因此，他乃不得不隱居到山陽去打鐵，而且也養成了他喜怒不形於色的一般處世習慣。王戎說沒看過他喜怒之色，應該就是平日裏嵇康的表現〔註18〕。可是一些記載，比如說他的青白眼，乃至他自己描述自己的「剛腸嫉惡」以及他為淮南三叛而寫〈管蔡論〉，等等，甚至在山濤推薦他，希望為他化解與司馬家的政治恩怨時，不惜對這位老友寫下絕交書，都可以看到嵇康是一個真正的真性情之人〔註19〕。他也因為這一真性情，贏得了阮籍對他的死心塌地。換句話說，不管釋私論有多少思路的問題，但顯情這個概念是嵇康十分珍視，也真心實踐的，這點絕無可疑。

如果說這個概念只是嵇康個人的想法，也許還沒那麼重要，但我們不能忘了，嵇康與阮籍共同塑造了魏晉士風這個事實，余英時先生把這個事實稱之為個體自覺〔註20〕，不管余先生在這個問題討論過程中，是否有論點上的麻煩，但這是一個時代的風會也是毫無疑問的。從魏晉士風的形成來說，我們今天常提及的竹林七的影響。七賢之七按照陳寅恪先生的說法，來自於論語的「作者七人」之七，也因此這七字很可能只是湊數。就現有的數據看，竹林七賢大概只圍繞著兩個人而說，一是嵇康，山濤、向秀和嵇康比較緊密，另一則是阮籍，劉伶、阮咸都因阮籍而列入，王戎輩分更低，也許只是因為曾接觸過他們，因而被拉來湊數吧！這也就是說，嵇康與阮籍才真正是重點。這其中，嵇康的重要性也許來得更大。嵇康的角色其實比較像是思想的導師，向秀追隨著嵇康，聽嵇康講對莊子思想的把握，然後據此做了莊子注，但嵇康對莊子注的評價，卻是「妨人作樂」，〔註21〕也就是他認為莊子的最大意義乃是在自己的生活中具體把他活出來，活成自己人格的基本表現形態。也正是在這點上，嵇康深深吸引了阮籍。

我曾考察過，阮籍其實不能算是一位合格的思想家，他的思想非常容易受到別人的影響。在高堂隆論禮時的青年阮籍，儼然就是一位醇儒，在王弼

〔註18〕 王戎之語參見《世說‧德行篇》。楊勇著：《世說新語校箋》（上冊）（台北：正文書局，2000 年），頁 17。
〔註19〕 這些故事分別見於家誡、世說、管蔡論、與山巨源絕交書等，由於故事都常見，茲不一一列舉。
〔註20〕 余英時：〈漢晉之際士之新自覺與新思潮〉，《士與中國文化》（上海：人民出版社，2006 年），頁 251～353。
〔註21〕 此語見《晉書》〈向秀傳〉。

意氣風發時的阮籍，又是一個深受這位天才少年影響的人物，進入嵇康的時代後，他又追隨嵇康過起了隱居的生活，從此才成為我們熟知的阮籍〔註22〕。這也就是說阮籍思想是一直在追隨主流思想的變化而流動的，後來他在達莊論與大人先生傳裏，也的確不是很能抓到莊子思想的精髓，而只是一種比較常識性的，流於浪漫的對莊子境界的想像。我認為他該是受了嵇康生活型態與情調的感染，某種意味，他所意想的大人先生，或者正是嵇康與孫登的合體吧！他欣羨於這樣的生命情調，但未必是一種思想層次的深入思考。換句話說，嵇康與阮籍所呈現的是一種以莊子思想型態所開發，而經過嵇康以自己生命示範的一種情調與境界，正是這意義構成了所謂竹林七賢的風格，一種隱居放浪不問世事的風格。

但是阮籍也許更值得注意的一點，就是他在「縱情」上的表現。我以為這才是他和嵇康的共同點，甚至在這點上他比嵇康還要來得純粹。阮籍很少講情這個概念，他畢竟不是思想家，而只是一個地道的文人。然而他以更具強度的方式表現了他的縱情、任情與純情〔註23〕。這不是莊子，而是個深情款款之人。我曾說如果從心理分析的角度看，阮籍的成長可能從來就是個高度壓抑的人，但他極喜音樂，他的嘯聲是有名的。《世說新語》上說他和孫登比賽長嘯，這故事很見阮籍的性情〔註24〕。他的人生以前可能是個在簪纓家族禮教下的規行矩步之人，嵇康是個讓他的內在情感得到解放的機緣。看來他對禮教束縛是敏感而厭惡的，因為嵇康讓他有了理由可以放浪形骸，但又充滿了內在的掙扎，途窮而慟或者正是他內在掙扎的最具體表現。但不管怎麼說，後半生的阮籍是個完全敢表現他的情感世界的人，狂放縱酒並不是莊

〔註22〕照《全三國文》所收錄的阮籍作品（亦請參見陳伯君：《阮籍集校注》，中華書局，1987年），在高堂隆論禮的時期，他寫了〈禮論〉，儼然就是《禮記》的觀點。後來在王弼聲名最盛之時，他又寫了〈通老論〉與〈通易論〉，內容則接近王弼的觀點。此後則追隨嵇康，寫了〈達莊論〉、〈大人先生傳〉，則又是以莊子為宗了。可見他的思想一直是在轉變中的。其實阮籍這個思想轉變的軌跡，也大概描述出了當時學術變遷的軌跡，這是很值得注意的。

〔註23〕嵇康大概只在熟人面前展現他的內在情感世界，但是在一般人面前則是多半喜怒不形於色的，這點和阮籍大不同。阮籍是不管不顧世俗眼光的，他想如何表現就如何表現。司馬炎找他寫〈勸進表〉，他提筆就寫，寫完扔下筆就走，然後就爛醉如泥。司馬炎明明是出政治難題給他，他也就任著性子，蠻不在乎，這故事相當明確地寫出了阮籍縱情的一面。

〔註24〕參見《世說新語‧棲逸篇》。另，有關阮籍性格的分析請見拙作《歷史的嵇康與玄學的嵇康》一書第三章第二節。

子，〔註25〕而是縱情的阮籍，現實中的嵇康也許都還趕不上阮籍這樣的表現方式。嵇康最多是青白眼，阮籍則是可以酒家眠。但無論如何，在「顯情」這個概念下，嵇康是思想者，也是實踐者，而阮籍在這點上完全和嵇康走到了一起，而且成為「顯情無措」的更好的示範。

就這意義而言，如果我們說是嵇康與阮籍共同以莊子精神創造了魏晉的士風，也許只說對了一半，因為多數魏晉士人的模型，其實並不完全是莊子，莊子的境界比他們高多了，他們之中「任誕」一型的人，其典型乃是阮籍，而不是莊子〔註26〕。另外一類則是像樂廣所說的「名教中自有樂地」的，裴頠等就是這樣的人物。從某種意義上說，莊子的境界是比較接近後者的，特別是莊子所說的「方內之人」更是如此。以我對莊子的詮釋，最高明的境界其實乃是這種方內之人，而非那種鼓盆而歌的方外之士，大宗師裏明白地用「以刑為體，以禮為翼」來說，就是一個很明確的證據〔註27〕。所以郭象的詮釋其實是有道理的。可是就算莊子也可以同意「名教中自有樂地」的說法，恐怕也不會同意魏晉這類中人的表現方式。

在莊子看來，名教中的確可以有樂地，但這樂地絕對不會是縱情的，當然更不可能是縱欲的，可是魏晉名士們的特徵，卻常是縱情甚至是縱欲的〔註28〕，任誕之人固然不用說了，即使是名教中人也是如此。莊子的鼓盆而歌，是指方外之人的漠視禮法，禮豈為我輩設，縱情與縱欲則根本違背這種漠視，而是掉進了欲望的陷阱。換句話說，魏晉名士的風格，如果說是來自於嵇康與阮籍所示範的莊子精神，那也只是來自於對莊子的某種誤讀。嵇康並沒有誤讀，向秀

〔註25〕如《晉書》〈向秀傳〉所說，方內之士是不會狂敵縱酒的，即使是方外之士可以有這樣的態姿，那也只是莊子辯證思維中的「反題」樣態，真正的自在不需要以狂歌縱酒來表現。但阮籍所喜歡的莊子，只是這意義下的莊子，事實上這只是對了阮籍縱情的胃口而已。

〔註26〕參見《世說新語‧任誕篇》所載的各個故事。其中阮籍父子的對話，最足以傳達出這點。楊勇著：《世說新語校箋》，頁 653～686。

〔註27〕詳解請參見《晉書》〈向秀傳〉所引拙文所述。

〔註28〕如果說莊子也說名教中自有樂地的話，他的所謂樂地也會是必須遵奉禮義，在禮義中逍遙的方式。如果看不懂莊子所推崇的最高人格樣態，乃是他心目中的孔子的話，就實在很難說是善解莊子。這個意義的孔子當然和儒家所說的孔子有內涵上的不同，莊子著眼的是在世俗中與世俗處，猶能無有所待，這無有所待的自在，自然不能意涵著又被自己的情與欲綁進去，所以莊子思想不可能和縱情、縱欲有交集。郭象是可以窺破這個玄機的。他說無待逍遙，最高的榜樣是堯，這不是空口說的。詳論也仍請參見前引文。

也基本能把握，阮籍就多少有些誤讀，但是阮籍的情純粹，他只能說縱情，談不上縱欲，其他當然就等而下之了。這也就是說，魏晉士風來源的更真實說法，其實乃來自於嵇康與阮籍的「顯情」，如此說當然就有意思了。

顯情這概念如前所說，它與莊子思想當然不是衝突的概念，它只是一個與莊子思想不同質的概念而已。這就很容易讓我們聯想到王戎所說的那個著名的命題：「聖人忘情，最下不及情；情之所鍾，正在我輩」〔註29〕。莊子所說的的確就是「聖人忘情」的境界，其關鍵是在忘字上，說一種不牽繫於情，不為情所累，可以放下所有情之羈絆的境界，它和嵇康所說的「無措」是相關的，可是並不等於顯情之義。情之所鍾，正在我輩這說法，其實才是直接銜接顯情的說法。由此可見，從嵇康開始的這個命題，對魏晉這些名士而言，的確是有清晰之意識的。那些荒淫任誕的事，固有不少是流於太下不及情的純粹縱欲，但名士們之敢於直接表現自己的情之所鍾，卻也的確是這個時代的一個特色。《世說新語》書裏關於這方面的記載是相當多的，此處就不必一一列舉了。

以上我大致敘述了「情」這一概念在玄學中出現的脈絡，此一說明應該可以基本確認「情」以單獨的地位成為中國思想發展中一個獨立概念的事實，也大致可以看出了它的界義，只是我們還沒能說明這個概念究竟在中國思想史中有沒有發生什麼樣的重要影響。至少到目前為止，在玄學的相關討論中，這還是個隱形的命題。知道情在這個時代曾被強調過的人不少，但把它當一個重要概念，試圖由之開始發展關於這個概念在玄學的影響脈絡的，則似乎尚未出現。吳冠宏曾經做了一些初步的碰觸，可是成果似乎是很不顯著的。吳教授的做法，其最大問題就是想從王弼身上解決這個問題，而又把對王弼思路的理解放到了湯用彤先生的典範上，這就形成了整個問題脈絡與歷史脈絡的錯置〔註30〕，這是很可惜的，但也告訴了我們，這個由吳教授所提出的問題，仍有待重新處理。因此底下我就想回到本文第一節的命題，來試著以一條全新的思路，以為徐復觀先生的困難提供一個可能的解答。

〔註29〕此語見《世說新語·傷逝篇》。楊勇著：《世說新語校箋》，頁583。

〔註30〕我在評論吳教授的這部書（《走向嵇康：從情之有無到氣通內外》）時，即指出了兩點可惜之處，第一是他沒能擺脫湯先生的典範，從那樣的本體論中是找不到情的地位的，第二是他在沒辦法圓滿表達的情況下，轉而至從氣論，藉助現代身體思維的表述來說，這就更讓情這一概念滑到了一個困境中去了。這也就是說吳教授可能發覺了一個重要論題，但他的處理則是不合法的。

三、「情」作為將玄學引向藝術精神實踐的中介概念

就整個中國思想史來說，應該說玄學的原創性概念是很少的，歷來的常識都認為它只是簡單的道家之復興，它不像宋明理學作為儒學的復興，有那麼多新的內涵。但在我們前面以及之前我曾做過的討論中，我認為作為簡單的道家思想復興，玄學並不是如湯用彤先生所說的，展開了一個以本體論的有無為重點的系統，而是由嵇康所代表的莊學的復興，而且它的重點還不在莊學相關論題的討論上，而是將莊學放到具體的生活上去踐履，這也就更造成了缺乏原創性概念的結果，以致我們很難在玄學中發現新概念。郭象注莊號稱善解，但也只是有了一些很好的詮釋性概念，很準確地發揮了莊子思想，他基本上沒有提出什麼原創性的東西。然而如果要說有什麼具有原創性的東西，照上面的相關討論，也許「情」以「顯情」的脈絡被提出來，應該可以算是一個吧！

在以往，在湯用彤先生典範的制約下，這個概念沒有被正視的機會，這是因為如果玄學核心是以一種對存有論下之「無」的本體之體會的話，它就成了理性上的一種本體的知識，情在這裏是沒有地位的。後來牟宗三先生雖然某種程度地解放了湯先生的典範，但當「無」被理解為一種工夫論上的詭辭，玄學就是一種對實踐上的無執無為境界的追求，情也同樣因為抵觸了工夫上的無，而不可能具有地位，這就形成了對情這一概念上理解的困難。然則我們該如何處理從「顯情」而來的這個「情」的概念呢？

一個參考性的理解，其實可以在浪漫主義的發展過程中找到。席勒在對康德道德哲學的發展中，一個最重要的介入概念，就是把康德嚴格主義的觀點，加進了情感的成素，而這也就帶起了一種藝術精神的發展，甚至到了十九世紀初而有藝術宗教的產生。〔註31〕參照這樣的發展，如果我們把嵇康與莊子當成是類似席勒與康德的關係，這裏是不是就會有一種特別的詮釋空間出來呢？

這並不是一種憑空的想像。嵇康之重情，十足顯示在他的文字與音樂的

〔註31〕康德的道德哲學一個很顯眼的特色，就是沒有情感的地位。道德判斷是不允許情感成素介入的。席勒不同意這樣的提法，他特別強調一種帶著英雄情調的情感，就是當情感與道德判斷相衝突時，仍然堅持要按照道德判斷來實踐的這樣一種英雄承擔的情感，從這裡帶出了一個美學的命題。浪漫主義在這樣的脈絡中，逐漸發展出一種藝術宗教的說法。席勒的意思參見席勒所著《美育書簡》（台北：丹青出版社，1993 年）。

愛好之中，當然，這裏嵇康所賦予的「情」的理解，並非就情欲而言，而是就情感、情志，或者是就個人的情性而言。如果我們對照中國文學史的發展，借著文學以抒發情志的，當然不始於嵇康，也不始於這個玄學的時代，至少我們都會把這一傳統歸給屈騷，或者某種意義的小雅詩人，但是如果我們說自覺地將文學藝術作為一種抒發情志的主要管道，則這個玄學的時代，恐怕確實是個濫觴。就文學史的討論來說，文學逐漸走出獨立的意義，大概很多人會歸給更早一些的建安時期，曹子桓的典論論文，或者可以視之為一篇宣言性的作品，曹子建則更是一位天才作家，但如果說假借文學藝術等來抒發個人的情志，則嵇康與阮籍，恐怕更是有著高度自覺的開始，特別是阮籍的那八十二首詠懷詩，更是有著文學史上的崇高意義。〔註 32〕在我看來，這絕對不是偶然的事情。

一個時代的風會產生，總不會是一件偶然的事。漢代的文學觀相當程度受到「擬經」風潮的影響，從揚雄到曹丕，對文學觀點的改變是巨大的，揚雄對自己賦家的身份感到委屈，甚至在法言裏提到文學是小道，這當然是有感而發的，那個章句之學勝過一切的時代，有此感慨無足為奇〔註 33〕，但到了曹丕說文章乃是「經國之大業，不朽之盛事」的時候，文學的獨立性出來了，這和經學的逐漸轉變當然是有關係的。這樣的想法影響不小，後來昭明太子編文選，背後也是這樣的思路，可是也很明顯的，此一說法代表文學仍被放在經國大業這樣的大論述裏，從余英時「個體自覺」的角度來說，文學好像還沒被放在這樣一個個人情性自覺的脈絡裏。但嵇康一篇關於藝術的重要文章，卻透露著某些變化的訊息，也就是〈聲無哀樂論〉這篇文章。

〈聲無哀樂論〉可能是玄學中最麻煩也最難懂的文章，其間的思路其實是有些麻煩絞繞的，我不擬於此多生枝節。簡單說，這篇文章的基本命題還是在說一個從先秦到兩漢的老命題，也就是「移風易俗，莫善於樂」這個命

〔註 32〕 在中國文學史上，屈騷當然是第一個有顯著個人風格的文學創作，也表現了自己的個性與情志，但美人香草的感懷，畢竟帶著許多屈原當時現實政治的牽連。從這角度來說，阮籍詠懷詩的創作就有一種特殊的開風氣之先的地位。詠懷詩就是單純地書寫自己，這當然必須有對個人內在情性的高度自覺。這當然可以說是阮籍的天才創作，但當時嵇康對顯情的推崇，應該有著思想上一定的影響。嵇康的〈琴賦〉也從個人情性出發而寫，這和之前馬融的〈笛賦〉、王褒的〈洞簫賦〉等的寫法有本質的不同，這都不是偶然的事情。

〔註 33〕 參見拙作《從災異到玄學》第二章第二、三節的相關討論。拙作：《從災異到玄學》（台北：台灣師大博士論文，1989 年），頁 127～188。

題。對這儒家樂論的老命題，儒家提供的論證是音聲與人情感的哀樂直接相關，因此通過平和的音樂，可以導正人的哀樂情感，從而導正人的情性，以收移風易俗的效用。〔註34〕但嵇康是反對這種論證的。他把音聲和哀樂的關係徹底切開，音聲自有一種客觀的自然之和，對欣賞者而言，要想能欣賞到音樂的和諧之美，必須靠一種將自己從哀樂中抽離的能力。音樂欣賞是一種對律動的把握，也就是嵇康所說對「躁靜專散」的感知，這要求對情感的某種隔離，此一隔離必須訴之於某種工夫論，也就是一種心境上的「虛靜」之自我隔離工夫〔註35〕。但必須了解到，這種虛靜並不等於老莊說虛一而靜的虛靜工夫，它只是抽離自己，讓當下的情感活動暫時止息，不至於干擾到對音樂律動的欣賞與欣趣而已，而這工夫必須依賴一種情性上的對音樂的高度喜好，這喜好當然是情感面的，只是它不是所謂的哀樂之情，而是「情性」之情。這是很值得重視的一點，嵇康在這裏和儒家論樂有了一個很大的不同點，其中當然有特殊意義，因為只有這樣一種情才能真正將人帶入藝術之中，浮面的哀樂情感，跟藝術欣賞與創作還是有距離的。

　　嵇康此文的真正重點，當然還不是在這個地方，他真正想論證的乃是不用靠一種和諧情感的引導，來移風易俗。他反對儒家樂論的重點，倒不是在音樂欣賞觀點的不同，而是移風易俗路徑的不同。他認為的路徑是通過一種虛靜的人格鍛煉，而使人能進入一種「和域」之中，從而使得風俗得以在這種虛靜裏獲得澄淨的可能。而他認為一種「無聲之樂」就是達成這目標最好的途徑。這裏沒有引導的問題，只有通過一種「無主於喜怒，無主於哀樂」的無執無為之修養，才可能達成。

　　這裏我們沒有必要處理嵇康與儒家不同的觀點，到底孰優孰劣的問題，也沒有必要詳細展示相關的論證，我只想集中討論一個問題，也就是嵇康思路內部的矛盾問題。而我要說的是，此問題對〈聲無哀樂論〉這篇文章也許是一個矛盾，但對本文而言，卻也許是解決問題的一個契機，因為這個矛盾卻恰好就是嵇康說「顯情無措」這一命題時，所顯示出來的同樣矛盾。然則為何一個矛盾卻會是解決問題的契機呢？

　　照上面對〈聲無哀樂論〉這篇文章的簡單描述，事實上出現了一個存在

〔註34〕參見《禮記樂記》一文，茲不細論。
〔註35〕拙作：《歷史的嵇康與玄學的嵇康》（台北：文史哲出版社，1977年），頁182
　　　～210。

於「樂理與玄理」之間的矛盾，這矛盾準確些說，它來自於嵇康對「虛靜」這一概念理解上的滑轉。嵇康對音樂欣賞的理解是精彩的，他認為要通過一種「虛靜」的自我抽離於具體哀樂之情的工夫，才能真正進入樂音律動之美，另一方面，也要通過一種「虛靜」的無為無執之工夫，才能將社會人心導入一種和域之中。於是在嵇康看來，進入音樂欣賞的工夫，也就是產生移風易俗功效的工夫，因此他乃能從聲無哀樂開始，論證到音樂的移風易俗之功效。然而嵇康沒有注意到的是，他所說聆賞音樂的虛靜，和無執無為之虛靜，這兩個虛靜的意思其實不是同一個意思。前者只是在說一種自我的抽離，但後者則是在說自我的放下執著，而前者的抽離之背景仍然是一種高度的情性上的情感質量，它不是一種無執無為的精神修養，於是這兩個虛靜的對照，恰好就是嵇康在說「顯情」與「無措」這兩個概念的對照時，所出現的同樣問題。他認為這兩者剛好是一回事，可是從嚴格的概念界義來看，它們並不是一回事，一個是主體的情感表現上的事，是自我情性的完全表現，另一個是通過主體的價值抉擇而有的精神修養，嵇康混淆了這兩個概念的分際，這當然是嵇康在思路上的不審所致。

但是對本文來說，釐清了上述概念的滑轉，卻可能產生一個非常具有原創性的意義，那就是嵇康通過了對「情性」之情的強調，開啟了一條連通到藝術精神之展現的道路。這也就是說，正是「顯情」與「虛靜」等概念，替魏晉這個時代鋪平了通往藝術實踐的道路。嵇康在琴藝上是如此，阮籍也是如此，而那個時代也莫不如此。

上面我在解釋嵇康從樂理上說虛靜時，說明了聆賞音樂時我們之所以可以從日常生活的哀樂中抽離，必須靠一種情性上的專一，才能真正完成抽離，這也就是說，我們真正進入到藝術的欣賞與創造，必須有一種情性上的基礎，我們姑且不管嵇康思路上的不審，但他對這種藝術心靈的核心，是有真切感觸與體會的。所以我們也就為徐復觀先生談中國藝術精神在這個時代的突然可以進入具體實踐階段，補足了第一個思想史層次上的解釋。

同時，徐復觀先生的說法所需要的第二個層次的解釋，也就是這個藝術精神的實踐，為什麼會以莊子思想為典型的理由，也就在上述的解釋中呼之欲出了。嵇康在表達顯情，乃至在談聆賞音樂時之虛靜時，固然有思路上的滑轉，但也同時意味了一種價值實踐上的取向，在論公私時，必須以無措的無執無為為歸宿，在論音樂的價值時，也指向著無執無為境界的完

成〔註36〕。這一境界當然也就是莊子思想的旨歸。換言之，嵇康通過情作為中介，為藝術精神的實踐與莊子的思想境界完成了一次思想上重要的連結，從此，莊子思想找到了一條在中國文化中的實踐管道，也就是徐復觀先生所說的這一切，都在這連結中有了根據。

在這樣的理解中，我們也會看到王衍的那個命題，有了一個特別的視野。當說「太上忘情」時，這是在說情的追求指向一個目標，就是莊子所說的無執無為的坐忘，但一般人是達不到這境界的，於是就停留在「情之所鍾，唯在我輩」了。情在這裏和莊子的境界也構成了一個關聯，這關聯不只在純粹情感的世界裏，而是被放到了藝術世界的情性表現上了。中國藝術沒有走上情欲的表現，而是著眼在情性自在的發揚上，該是與此有關吧！〔註37〕

四、結論

學術界對魏晉玄學的論題，由於始終無法從湯用彤先生的規範中脫困，也因此喪失了尋找新論題的可能。近年來我一直在思考如何找到脫困之道，本文的嘗試當然是奠基在我的一些嘗試上。當我將玄學從王弼的典範中解放，放到嵇康身上之後，其實有很多論題是可以豁然開朗的，本文當然也是這眾多嘗試的又一個例子。我試圖透過情這一概念在魏晉的特殊發展模式，嘗試為徐復觀先生在中國藝術精神的傑出觀察上，補足令人遺憾的罅隙。由於這一補足，一種將情朝向情性之真的個性化之品味、情調發展的思路便出現了，正是這樣的思路，構成了中國文藝發展的一條明顯的軸線，這條軸線最終走向了莊子精神的發揚，老莊道家也就在其中找到了安立之道〔註38〕。

〔註36〕這也許也可以說是一種情感與理性相和諧的模式吧！嵇康一面由情感的層次說顯情，也由情感的層次說音樂聆賞時的虛靜，另一方面則由價值理性上說無措、無執無為的虛靜，以為人生之歸宿，這歸宿完全是藝術的境界，這的確是一種很有意思的發展，也與席勒、康德的關係真有異曲同工之妙！

〔註37〕西方的文學傳統中，情字的重要性是無庸置疑的，但這情字套在西方的 Ero 傳統中，就成了以情欲為核心的概念。但中國傳統談情字，從來不是這一路數，也許正是玄學在其中產生的重要作用。

〔註38〕中國傳統沒有西方意義的宗教，自然也沒有宗教組織。在先秦思想中，墨家很早就消亡了，法家寄身政治，但秦以後已無人敢自稱法家，其他家派從無社會基礎，而儒家自漢以後即取得正統地位，後來與仕紳階級合一，成為最有社會基礎的家派。而道家基本也沒有社會基礎，但它為何始終可以和儒家構成兩個影響最久遠的家派呢？其實秘密也許就在這裏，它經由玄學的發展，構成了一個中國傳統藝術的國度，以此而取得了生生不息之道。

　　在本文的最後，我還是必須將開發這條思路的功勞，歸給吳冠宏教授，是他的慧眼啟發了我。雖然我不同意他開發此一論題的進路，也認為他並沒有真正看清楚這個論題的來龍去脈，更不贊成他趕時髦把這個問題放到了身體思維的脈烙中去，但作為論題的提出者，這還是要別具只眼的。我希望這一論題的討論可以有助於魏晉玄學的進一步解放，也盼望它對中國文學藝術相關討論，能夠有些微的幫助！

收入《吉林師範大學學報（人文社會科學版）》
第 2 期，2018 年 3 月，頁 7～16。

鍾情與忘情之間：玄學的最終歸宿

摘要：

　　歷來均認為玄學誕生於王弼，而終結於佛教的般若學，但本文則認為玄學畢竟與佛學有本質歧異，不可能以轉向佛學來解釋玄學之所終。但究竟要如何理解玄學的消失，必須有近的途徑。此文採取的進路，是認為必須從「情」這個命題在玄學中的特殊發展脈絡來找尋答案。從嵇康對「顯情」這個概念的發展，到「鍾情」這個概念的確立，是玄學的重要貢獻。這個概念並不來自於莊子，且與莊子思想間存在著一定的張力，但是可以通過一種方式，讓兩者之間產生一種連結。這個方式即是通過「鍾情」與「忘情」這兩者之間的矛盾與對立統一的關係，建立起了由鍾情到忘情的一種人格實踐進路。而由於鍾情在玄學的論證中，乃是藝術實踐的入要條件，於是玄學乃轉成了一種由「顯情、鍾情」這樣的「純粹情感」作為媒介，以藝術實踐為載體，而指向一種莊子所說的「忘情」為目標的「藝術人生」之實踐。這也就是說，玄學乃以轉向一種忘情的藝術人生為其歸宿。玄學的思想形式也許消失了，但它卻在中華文化中構架起了一種思想、藝術與自在人格之實踐為標的的新文化形態。

關鍵詞：玄學、莊子思想、顯情、縱情、鍾情、忘情、藝術人生、自在人生

　　玄學在中國思想史中的地位是很奇怪的，它彷彿知其所起，卻又實不知其所起，彷彿知其所終，卻也同樣不知其所終。彷彿知其所起者，謂其為先秦道家之嫡脈，然實不知其所起者，以歷來講者對其間發展脈絡的描述與詮釋，又太過模糊，問題也太多的緣故。而彷彿知其所終者，通常認為玄學以格義的方式，直接促成了佛教龍樹學的大興，換言之，玄學改以般若學的姿

態出現，化作春泥，去護了佛學之花了。然則所謂不知其所終者，格義畢竟只是格義，佛學運用了玄學作為格義，而有了長足發展，這是事實，但是格義這概念也同時說明了，玄學畢竟不能等同於龍樹的般若學，那麼玄學的旋起旋滅，其真正精華時間差不多只有五十年，難道這個學問就真的因為接引了佛學就消失得無影無蹤了嗎？如果說作為中國思想史核心的儒學與佛學，儘管各時代的內涵都不免有變化，但作為一個傳之久遠的流派，都一直有一條清晰的思想發展線索，然何以道的線索就會有這樣的尷尬呢？就算後世的道學並未中斷，但它們和玄學並沒有學脈相承的關係，乃是很顯然的事實，這種現象真是遠不同於儒學與佛學，那麼我們是不是該問這麼一個問題：玄學到底到哪裏去了呢？消失了嗎？隱身於佛學了嗎？還是到哪裏去了呢？

在此之前，筆者對玄學的研究，多半集中在玄學之所起上，對於此一問題，筆者論之已多，也自信應該已經說清楚了許多問題，因此也不想再多著墨。要之，筆者不認為將玄學之所起放在何晏、王弼身上是一個聰明的作法，因為它會造成無法將先秦道家，尤其是莊子思想連接到玄學的問題，若真要把兩者的關係順利銜接起來，恐怕就得把玄學的概念限縮到由嵇康所創造的新典範上。關於這一講法，請參閱筆者十幾年來的相關討論，此處就不再贅述了〔註1〕。然而在玄學之所終的問題上，此前筆者的討論是比較少觸及的。即使觸及，筆者也多半只是在說明，湯用彤先生的詮釋方式，不適合用來說明玄學與般若學的關係，只有依照牟宗三先生的思路，這兩者之間才有銜接的可能。可是真正的玄學之所終，這方面的論述大體還是付之闕如的。這個問題一直到去年筆者處理了玄學中有關「情」的命題之後，似乎才開啟了一道曙光，我們也許終於可以在這樣一個新出現的脈絡中，開始思考玄學到哪裏去了的問題。這個問題也許可以讓我們從一個特別的視角，來思考一下哲學、文學與藝術的邊際問題。

一、對「魏晉玄學中『情』的命題」一文的回顧

在去年筆者的拙作中，筆者的問題意識原本是在討論，若我們揚棄了湯用彤先生的詮釋後，也許就有可能釋放出一些空間，來討論一下像「情」這

〔註1〕 關於筆者對相關問題的討論，近年的累積也算不少了，茲不一一詳列，主要的論點請見拙作《歷史的嵇康與玄學的嵇康》（台北：台灣文史哲出版社，1997年）以及〈試論玄學的分期問題〉（此文改以〈中國玄學的重新分期〉為題，正式發表於《南國學術》，2019年第1期，頁50～69）。

樣的一個概念可能衍生的討論空間。筆者也明白表示了，這一由情所帶出來的玄學命題，首先是由吳冠宏教授提出來的，但筆者反對他的討論模式與進路，希望能給出一個不一樣的詮釋。

吳冠宏提出從情這個概念出發，來討論玄學的另一個為人所熟知，但卻在學術上沒有很好處理的論域，這樣一個問題意識當然是非常有見地的，但我以為他很可惜的是沒有選好論題的出發點。〔註2〕在我看來，嵇康在《釋私論》中所提出來的「顯情」這個概念才真是一個有展開可能性的概念。所謂顯情，就是「毫不掩飾自己的情志，敢表現自己的個性與情志」之謂也。這概念是特別的，也是在整個中國思想史中從來沒有出現過的概念。情在中國思想史中很少作為一個獨立的、正面的概念而存在，而顯情這概念乃是第一次被作為一個正面的概念提出來，雖然這概念在《釋私論》這篇文章中，其實也並不是主要概念，也很少有進一步的發揮，但我也說明了這概念出現的特殊意義。

這概念的重要性乃在於它不只是一個偶然被提出來的概念，而是嵇康後半生在努力實踐的概念，不只如此，嵇康更以此而深刻影響了阮籍。阮籍正是在這一概念的基礎上，而將自己的人生實踐成了一種「縱情」的人生。但更重要的則是阮籍與嵇康共同以此開啟了所謂的魏晉士風。這也就是說，沒有這個概念，我們是沒有辦法理解魏晉這些士人「放浪形骸」之作為的。我認為從嚴格意義上說，名士風度的思想來源其實並不是莊子，而是來自於嵇康、阮籍「顯情、縱情」的概念，這說法當然還有進一步辨析的需要，關於此一問題，下文會有些處理，茲暫不贅述。而若真是如此的話，那我們當然就會有一個新命題必須出現了，亦即如果說重新為玄學引入莊子的思想，乃是嵇康對玄學的最主要貢獻，而他的「顯情」說又為名士風度奠定了基礎，那麼「顯情」的講法和莊子思想之間，可以構成一種思想上的連結嗎？還是沒有關係呢？另一方面，顯情這個概念的引入，又會如何豐富整個玄學的思想呢？又或者會為玄學帶來什麼樣的影響呢？

對後面這一個問題，在〈魏晉玄學中「情」的命題〉這篇拙文中，筆者做了一個特殊的處理，這個處理筆者借用了席勒與康德的關係。席勒奠基在康德道德嚴格主義的觀點下，引進了情感的因素，從而帶起了浪漫主義「藝術

〔註2〕我認為吳先生最大的問題就是把情的問題放回到了湯用彤先生的典範裏去了，而在湯先生的本體論脈絡中是找不到情的地位的。

宗教」的發展。借用這樣的架構，我假設了嵇康「顯情」的觀點與莊子思想之間，也形成了一種關係，即將莊子對精神上自在的追求，轉向了一種藝術實踐上的「無相」境界的創造。〔註3〕換言之，如果這一論證是有理由的話，筆者也就因此而為莊子思想、也為玄學鋪平了一條從純思想、哲學的領域，轉向到藝術實踐上的新道路。此亦即是說，此一論題隱伏著一個可能性，我們有可能因此而順帶解決了一個重要的中國思想史上的大問題，也就是玄學並不是消失了，而是轉向了，它整個轉向了藝術實踐的領域去了，若真是如此的話，那當然就是一個皆大歡喜的結局了。

在前引拙文中，筆者的論證乃是如此，這個論證是假「聲無哀樂論」而展開的。嵇康在此文中反對儒家由「平和的音樂，可以導正人的哀樂情感，從而導正人的情性，以收移風易俗的效用」〔註4〕這一思路所談的音樂作用。拙文對嵇康在此文中所認為的道家音樂主張的論證，是如此描述的：

> 他把音樂跟哀樂的關係徹底切開，音聲自有一種客觀的自然之和，對欣賞者而言，要想能欣賞到音樂的和諧之美，必須靠一種將自己從哀樂中抽離的能力。音樂欣賞是一種對律動的把握，也就是嵇康所說對「躁靜專散」的感知，這要求對情感的某種隔離，此一隔離必須訴久於某種工夫論，也就是一種心境上的「虛靜」之自我隔離工夫。但必須了解的，這種虛靜並不等於老莊說虛一而靜的虛靜工夫，它只是抽離自己，讓當下的情感活動暫時止息，不至於干擾到對音樂律動的欣賞與欣趨而已，而這工夫必須依賴一種情性上的對音樂的高度喜好，這喜好當然是情感面的，只是它不是所謂的哀樂之情，而是「情性」之情。這是很值得重視的一點，嵇康在這裏和儒家論樂有了一個很大的不同點，其中當然有特殊意義，因為只有這樣一種情才能真正將人帶入藝術之中，浮面的哀樂情感，跟藝術欣賞與創作還是有距離的。嵇康此文的真正重點，當然還不是在這個地方，他真正想論證的乃是不用靠一種和諧情感的引導，來移風

〔註3〕「無相」一詞，筆者是借用了牟宗三先生在翻譯康德《判斷力批判》的長序中所說，牟先生把康德所說的「伙目的性原則」轉成了「無相原則」，這是一個有趣的美學概念轉換。（參見牟先生《判斷力之批判》，台北：學生書局，1991年）

〔註4〕拙文：〈魏晉玄學中「情」的命題〉，《吉林師範大學學報（人文社會科學報）》第2期（2018年3月），頁14。

易俗。他反對儒家樂論的重點，倒不是音樂欣賞觀點的不同，而是
移風易俗路徑的不同。他認為的路徑是通過一種虛靜的人格鍛鍊，
而使人能進入一種「和域」之中，從而使得風俗得以在這種虛靜裏
獲得澄淨的可能。而他認為一種「無聲之樂」就是達成這一目標最
好的途徑。這裏沒有引導的問題，只有通過一種「無主於喜怒，無
主於哀樂」的無執無為之修養，才可能達成。〔註5〕

拙文中筆者很清楚指出，嵇康此文的論證是有嚴重瑕疵的，因為他把音
樂聆賞時的虛靜的情感隔離，與虛靜無執的人格鍛鍊混淆在一起了，於是他
把對音樂無哀樂的虛靜聆賞，當成了進入風俗之「和域」的途徑，這當然是
論域的混漫，從邏輯上來說，這無疑是嚴重的瑕疵。但是這一邏輯上的問題，
在拙文看來，卻恰好鋪墊了一個解決問題的脈絡。

筆者注意到的是，聆賞音樂時虛靜的情感隔離，恰好正是一種情感上的
高度專注，沒有這種情感的高度專注，是不可能進入到真正的藝術世界的。
如果我們把「顯情」跟此處的「虛靜」連在一起看，這兩個表面上似乎連不起
來的概念，其實正有一種情感層次的聯繫性。也因此，拙文乃說，這樣一組
概念恰好顯示了嵇康對進入藝術實踐、體現藝術精神這件事，是有清楚認知
的。他在邏輯上也許把莊子所說的虛靜和音樂聆賞的虛靜混同了，可是他至
少完全清楚在音樂聆賞時，必須保持情感上的高度專注與隔離，以此而帶出
一個純粹藝術的世界，這就是他最大的創見。然則我們也可以說，顯情也正
是這樣一個將人引向藝術世界的關鍵。這引向藝術世界的脈絡，並不是莊子
所提供的，而是嵇康所提供的。拙文在此認為這就是從嵇康開始的玄學所帶
來的第一重意義。

但接著這個層次意義而來的另一個問題則是更有趣味，但也更麻煩。如
果說聲無哀樂論中的兩個虛靜的意義並不一致，嵇康的混漫是犯了邏輯上的
錯誤的話，那麼我們要問的是，這兩個意義之間有沒有什麼關係呢？關於這
個問題，當然是重要的，若這兩者沒有關係，乃是不相干的兩個概念，當然
也無不可，那我們可以說虛靜之情，與虛靜之和只是兩個不同論域，各自分
途處理即可，如此玄學與藝術就沒什麼關係，玄學依然只是莊子式的人生哲
學。但若這兩者之間還存在著某種特殊關係，那這個問題當然就有趣了。但
前引拙文的處理實在太簡略了，本文對此希望有進一步的處理。這個處理我

〔註5〕拙文：〈魏晉玄學中「情」的命題〉，頁15。

們需要分成兩個層次，首先，我們需要先處理莊子思想與「顯情、縱情」的差別，然後再來談談兩者之間是否具有關係。

二、從莊子論「方內、方外」之別，來看「縱情」是否是莊子的主張

歷來對莊子的解讀，特別是莊子裏某些寓言的解讀，都很容易認為莊子就是主張「縱情」的。比如說莊子妻死，鼓盆而歌這樣的故事，〔註6〕一般就是說這是一種任性縱情而為的典範，但是這真是莊子的意思嗎？一段類似的故事，也許值得特別討論一下。這是《莊子·大宗師》裏的一段有名的故事：

> 子桑戶、孟子反、子琴張三人相與友，曰：「孰能相與於無相與，相為於無相為？孰能登天游霧，撓挑無極；相忘以生，無所終窮？」三人相視而笑，莫逆於心，遂相與為友。莫然有間而子桑戶死，未葬。孔子聞之，使子貢往侍事焉。或編曲，或鼓琴，相和而歌曰：「嗟來桑戶乎！嗟來桑戶乎！而已反其真，而我猶為人猗！」子貢趨而進曰：「敢問臨尸而歌，禮乎？」二人相視而笑曰：「是惡知禮意！」子貢反，以告孔子，曰：「彼何人者耶？修行无有，而外其形骸，臨尸而歌，顏色不變，无以命之，彼何人者耶？」孔子曰：「彼，游方之外者也；而丘，游方之內者也。外內不相及，而丘使女往弔之，丘則陋矣。彼方且與造物者為人，而遊乎天地之一氣。彼以生為附贅縣疣，以死為決疣潰癰，夫若然者，又惡知死生先後之所在！假於異物，託於同體；忘其肝膽，遺其耳目；反覆終始，不知端倪；芒然彷徨乎塵垢之外，逍遙乎无為之業。彼又惡能憒憒然為世俗之禮，以觀眾人之耳目哉！」子貢曰：「然則夫子何方之依？」孔子曰：「丘，天之戮民也。雖然，吾與汝共之。」子貢曰：「敢問其方。」孔子曰：「魚相造乎水，人相造乎道。相造乎水者，穿池而養給；相造乎道者，无事而生定。故曰，魚相忘乎江湖，人相忘乎道術。」子貢曰：「敢問畸人？」曰：「畸人者，畸於人而侔於天，故曰，天之小人，人之君子；天之君子，人之小人也。」〔註7〕

這段話第一個重點是所謂的「方內、方外」之分。莊子何以要做這一區

〔註6〕《莊子·至樂》：「莊子妻死，惠子弔之，莊子則方箕踞鼓盆而歌。」參見〔清〕郭慶藩：《莊子集釋》（台北：華正書局，1979年），頁614。
〔註7〕〔清〕郭慶藩：《莊子集釋》，頁264～273。

分呢？是為了與儒家做對比，以為道家追求的是一種方外的生活，儒家則是追求一種方內的生活嗎？看來他雖選擇用假設的孔子與子貢來對比子桑戶他們，但恐怕並不是基於儒道立場的差別，因為此處以虛擬的孔子口吻所說的這段話，表示的方內與方外這兩類人，並沒有基本價值觀的差異，即使是方內之人，也還是追求一種「無事而生定」的人生，彼此仍要本於「相忘乎道術」的目標，其與方外的差別，不是這個價值觀上的差別，而只是生活方式上「外內不相及」而已。這有點像《論語》裏，孔子說他與隱者的生活有一種不可泯滅的差別，所謂「鳥獸不可與同群，吾非斯人之徒與而誰與」這兩種生活方式的差別。方外之人是離群索居的，對離開人群的人而言，世俗的禮儀規制的確是沒有意義的，對一種以追求「登天游霧，撓挑無極，相忘以生，無所終窮」為人生理想的人而言，死生不是價值所在，也不必承擔任何現實世界的成就，但如果說，方外之人追求相忘以生，方內之人追求相忘於道術，那麼他們本質上、價值觀上，就依然還是同一類人。如果我們真的說儒道的差別，則儒家的價值觀絕對不是在追求「相忘於道術」上，而是以仁心來積極成就人世，這是必須清楚區分的。因此，莊子此處方內、方外的區分，不是在陳述任何家派的立場，據此，我們也可以知道，方外的人生並不全等於莊子所要追求的人生。

如果說方外、方內的區分是如上所述的狀況，那麼我們就還要看到這段話的第二個重點，也就是「天之戮民」與「畸人」這個講法，並且想想，如果方外、方內只是道家都認可的兩種生活方式，那麼莊子對之如何評價，或是更意許哪種生活方式呢？「天之戮民」或者是「天刑之，安可解」〔註8〕的講法是特別的，意指「過著人間群居生活」的人，乃是一種「遠離了天性自然」的，無奈的，甚至是遭受「天之刑戮」的、被「詛咒」的生活方式。由於這種生活方式遠離了天性自然，所以要想回到天性自然，便需要格外的努力，他因為受到人群的束縛，因而需要以「道術」的方式來協助與引導，才能回到「無事而生定」的境界裏去。從這角度來說，方內的生活是扭曲的，遠遠不如方外生活符合自然天性。這也就是說，從人群的角度來說，也許會認為方外之人蔑視人群的規範，乃是件奇怪的事，但方外之人的生活方式才是真正符合天性自然的，值得稱許的。對莊子來說，方外、方內也許沒有所謂的高下之別，但方外的生活顯然更足以直接表現出他對價值的理解，也就是方外

〔註8〕〔清〕郭慶藩：《莊子集釋》，頁205。

之人的生活方式，乃是一種更能直接顯示道家價值追求的生活方式。之所以在莊子的文章中，我們常可以看到方外之士對方內之人的嘲笑。〔註9〕這裏有關「畸人」的講法，也就是這麼一個意思。〈德充符〉裏有關一群四肢不全人物的描寫〔註10〕，就在講這些從人群社會的角度來說，因觸犯人間刑律之畸人，看起來都是人間之小人，但當他們以天性自然來視自己的畸形時，其實他們就更能比方內之人直接表現出自然的價值，因無怪乎他們可以嘲笑這些囿於人間規範，為人間規範所束縛的人了。

然而這是否代表著莊子更意許方外的生活方式呢？如果說莊子認為方外的生活方式更直接表示了道家價值觀下的一種理想型，這也許是可以的，但是如果要說這就是莊子最意許的生活方式，恐怕也未必。莊子並不是糊塗人，他知道他這個學說畢竟是要放在人世中來理解的，因此標舉著一種背離人世的生活方式以為理想型，這是可以的，用這種理想型來對照人間一些規範、刑律的荒唐、荒謬，這也是可以的，但若要以這種非人世的生活方式為常態而標舉之，莊子恐怕也知道它的不可行。在《養生主》中，有段關於秦失吊祭老聃的故事，是非常值得注意的。這段話說：

> 老聃死，秦失吊之，三號而出。弟子曰：「非夫子之友邪？」曰：「然。」
> 「然則吊焉若此，可乎？」曰：「然。始也吾以為其人也，而今非也。
> 向吾入而吊焉，有老者哭之，如哭其子；少者哭之，如哭其母。彼
> 其所以會之，必有不蘄言而言，不蘄哭而哭者。是遁天倍情，忘其
> 所受，古者謂之遁天之刑。適來，夫子時也；適去，夫子順也。安
> 時而處順，哀樂不能入也，古者謂是帝之縣解。〔註11〕

這段話歷來少有善解〔註12〕。不過如果放到我們前面所述的脈絡中，倒

〔註9〕 這些例子在莊子文章中俯拾即是，〈德充符〉篇中大概是最多的，此處就不一一列舉了。

〔註10〕 如篇中所說「魯有兀者王駘」、「申徒嘉」、「魯有兀者叔山無趾」，等等。

〔註11〕 〔清〕郭慶藩：《莊子集釋》，頁127～128。

〔註12〕 這段話的批注，郭象就說得不是很清楚了。成玄英的疏乾脆直指郭象矛盾，他說：「且老君大聖，冥一死生，豈復逃遁天刑，馳騖憂樂？子玄此注，失之遠矣。若然者，何謂安時處順，帝之縣解乎？文勢前後，自相矛盾。是知遁天之刑，屬在哀慟之徒，非關老君也。」〔西晉〕郭象注，〔唐〕成玄英疏：《南華真經注疏》，《續修四庫全書》（第955冊），影印涵芬樓影印明正統道藏本，頁73。以疏破註，真是莫此為甚了！歷來解者對此一問題，很少能梳理清楚的。

也是不難理解的。我們先把這段故事的背景，放到這樣一個脈絡裏：秦失和老聃正是一對方外之友。老聃死了，秦失去弔祭他，本來這個弔祭該是一種方外的形式，也就是秦失該對老聃的屍體唱上一段，或者跳上一段吧，可是沒有，秦失卻按照世俗之禮，盡哀而出。這當然是奇怪的，方外之人怎麼行起了方內之禮了呢？對此，秦失有一段精彩的解釋。

秦失的說法是這樣的：他說我之前看錯了，老聃並不是跟我一類的人，他不是位全然的方外之士，當然，這話其實已經暗示了，老聃其實乃是一位可內可外，出入於方內、方外的人。為什麼呢？因為他不只可以跟我這個方外之人以方外的方式相交往，也可以跟這個人世裏的各種人相交往，所以他死了，才有這麼多的老少以如此的真情來弔祭他。這種真情不是裝得來的，一定是他平日感動了這些人的。於是秦失把這種老聃自覺的「委屈」自己之自然天性，把自己放到這個人群中去的做法，叫做「遁天倍情，忘其所受」，並將之稱為是一種「遁天之刑」。這說法真是特別的，遁天之刑跟天之戮民有一點是不同的，那就是一是主動的，一是被動的，老聃乃是主動、自覺如此，為的是他有必要去安頓人世，這樣的講法實在有點類似佛教所說的「留惑潤生」，佛菩薩是在自覺的狀態下，為了保持與眾生的聯繫，而不刻意清除自己生命中的煩惱，留著煩惱以保持與眾生的連結。雖然莊子所謂的安頓也許並不同於儒者，但人世是需要安頓的，這點莊子顯然也有清楚的認知。當老聃自覺地選擇這種遁天之刑時，他並沒有忘記生命的本性自然，所以他仍是來去自如的，他的安時而處順，即使是在人群之中，仍然哀樂而不能入，這就是老聃的帝之懸解，這懸解是在人間完成的，而不是在方外完成的，對老聃而言，人間的禮法規範並不構成一種束縛，他依然可以在這些禮法與刑律中，完成他自己的安時處順，他自己的逍遙。換句話說，莊子的理想、價值之實踐，並沒有要求只有在方外才能完成，能自在地出入於方內與方外，一樣也能達成同樣的目的。這一故事就說明這點而言，應該是很有啟示意義的。

不只如此，〈大宗師〉裏更有一段對「古之真人」的描繪，特別值得注意，這段話是這麼說的：

> 古之真人，其狀義而不朋，若不足而不承；與乎其觚而不堅也，張乎其虛而不華也；邴邴乎其似喜乎！崔乎其不得已乎！滀乎進我色也，與乎止我德也；厲乎其似世乎！謷乎其未可制也；連乎其似好

閒也，悗乎忘其言也。以刑為體，以禮為翼，以知為時，以德為循。
以刑為體者，綽乎其殺也；以禮為翼者，所以行於世也；以知為時
者，不得已於事也；以德為循者，言其與有足者至於丘也；而人真
以為勤行者也。故其好之也一，其弗好之也一。其一也一，其不一
也一。其一與天為徒，其不一與人為徒。天與人不相勝也，是之謂
真人。〔註13〕

這段話也是讓許多解者為之頭疼的，因為它讓人認為跟莊子很多地方對
真人的那種出世形象的描繪很不一致，但這段話也恰恰說明了一些問題。這
個真人的形象是親切的，是與世推移的，他就在人群之中，所以以刑為體，
以禮為翼，以知為時，以德為循。當他與人相與時，並不妨礙他的自在自然，
這自在自然就是他「與天為徒」「其一也一」的一面，也就是他作為方外之人，
畸於人而侔於天的一面。但另一方面，他也順應人世，而有了隨時安時處順
的姿態，這就是「其不一也一」的「與人為徒」的方內之人、天之小人、人之
君子的一面。這兩個面向看似有著「天與人不相勝」的衝突，但真正的真人
其實還是要在人世裏成就的，這或者才是莊子的真正意思。如此說，也許顛
覆了一般人對莊子的認知，但從一個角度說，莊子的學說畢竟是個人世的學
說，唯有如此，我們才能看到莊子的智慧呢！

綜合上述，我們乃能將方外與方內構成一種「辯證」式的表述，也就是
從一般意義的人進至真人的過程，其實是要經過一段辯證歷程的，方外之人
乃是這一過程的「反題」式的表述，他以對反於世俗的方式出現，但反題並
不能停駐在反題上，它終須進至「合題」的層次，這合題也就是方內之人。真
正的真人乃是作為合題的方內之人，一種基於自覺地進入遁天之刑的安時而
處順的真人，這才是莊子所稱真人境界的最後歸宿。這一辯證的過程是重要
的，作為反題的方外之人乃是一種姿態，由此姿態顯出真人理論上的理想境
界，但真正理想的完成，則永遠有賴於真正回到人世之中，去成就這個世間
的其一也一與其不一也一，人間的各種姿態總是不一的，通過這不一而回到
一，我們乃看到莊子對他所意許的生活方式的完整論述。〔註14〕

以上，我大致說明了由「方內、方外」所出的莊子的思考，由這一說明

〔註13〕〔清〕郭慶藩：《莊子集釋》，頁234～235。
〔註14〕關於這意思，我以前有篇拙作〈莊子對孔子的評價〉也曾略作說明，請參考。
拙作：〈莊子對孔子的評價〉，《中國學術年刊》第12期，1991年，頁45～56。

所顯示的，方外之人作為一種姿態，他的「外其形骸」和魏晉名士的「放浪形骸」會是一回事嗎？這也就是說，我們可以說莊子是主張「縱情」的嗎？如果我們可以充分掌握上述脈絡，這個問題其實是很好回答的，因為方外跟縱情這兩個概念之間，根本就是不兼容的。方內與方外有一個本質性的共同東西，那就是自然自在，但「縱情」的本質卻是一種執情，有執情就沒有真正的自然自在，這是很好理解的。方外之人顯示的乃是自然自在的「對其自己」之姿態，是自在的本然形象，既已自在，便無拘束、無執著，所謂「彷徨乎塵垢之外，逍遙乎無為之業」是也。縱情則必然在塵垢之中，它是有為，而非無為。這是一個基本概念上的區別，所以如果說莊子在方外之士的外其形骸上，表現了一種名士的「縱情式」的放浪形骸，那就是一種概念上的混淆，我們不能被文字描述上的姿態混淆，而亂了概念上的分際。這也就是說，縱情這個概念和方外之士，是聯繫不到一起的。如果說方外之士讓人覺得顯現出了某種縱情任性而為的姿態，那也只是詮釋者概念上的混淆而已，這是不足為訓的。

　　至於莊子所說的方內之士之安時處順，他既然以刑為體，以禮為翼，以知為時，以德為循了，這當然就更談不上縱情而為了。我們可以說道家對安頓這個人世的看法，與儒家有積極與消極的差別，道家並不主張積極介入，去調整這個人間的各種規範，它只是追求在這個人間的各種規範中，如何應事而無所傷，所以它講「因、順」的智慧，講一種「走在邊緣」的策略，這不像儒家要積極把各種合理的規範承擔在自己肩上。但無論如何，道家也都不曾講對人間規範的真正蔑棄。方外之人的「蔑視禮義」乃是一種語言的姿態，而不是居於人間，卻一味地在人間任性、縱情而為，這是一定要區分清楚的。這也就是說，從這樣的嚴格推論來看，整個莊子思想，都不可能是和「縱情」這樣的概念兼容的。也因此，當我們說魏晉名士的縱情，其實和莊子思想並沒有關係，當阮籍在〈達莊論〉〈大人先生傳〉裏，隱然把他的縱情和莊子做成了某種聯繫〔註15〕，這其實乃是阮籍對莊子的誤讀，並不足以為論據。

　　以上這一概念的辨析，我認為是十分重要的，在這基礎上，我們乃能進入到本文最重要的一個論題，也就是當我們區分了「顯情、縱情」這兩個概念和莊子思想的區別之後，可不可以再為這兩者之間聯繫上某種關係？這也

〔註15〕關於阮籍思想的相關討論，請見拙作《歷史的嵇康與玄學的嵇康》，頁 129～145。

就是說從嚴格的概念意義上，縱情和莊子思想乃是不兼容的，但是有沒有可能卻在另一脈絡上，重新勾連起這兩者的關係？這一論題對魏晉玄學來說，自然是重要的，因為它將有可能決定魏晉玄學的何去何從，於是，下一節我們將進入這個重要論題。

三、鍾情與忘情之間——藝術人生與自在人生的辯證

莊子的問題意識，依其自己在〈齊物論〉中的表達，乃是針對一個特定的問題而發，即生命在無窮盡的比較中，自己把自己困入了一種無所逃脫的機制，直到自己生命力耗盡為止。〈齊物論〉的講法是這樣的：

> 大知閑閑，小知間間；大言炎炎，小言詹詹。其寐也魂交，其覺也形開，與接為構，日以心鬥。縵者，窖者，密者。小恐惴惴，大恐縵縵。其發若機栝，其司是非之謂也；其留如詛盟，其守勝之謂也；其殺若秋冬，以言其日消也；其溺之所為之，不可使復之也；其厭也如緘，以言其老洫也；近死之心，莫使復陽也。喜怒哀樂，慮嘆變熱，姚佚啟態；樂出虛，蒸成菌。日夜相代乎前，而莫知其所萌。
> 已乎，已乎！旦暮得此，其所由以生乎！〔註16〕

此即在人世的一種「與接為構」之中，人們內心不停地交雜纏鬥，鬥些什麼呢？無非就是在「大知、小知，大言、小言」之間來回不停地比較而已。這種比較本身就是一個隱匿於內心的機栝，這機栝能否傷人姑且不論，但傷己則是必然的，此因各種比較所帶來的緊張與恐懼之故。傷之積欠，遂令近死之心，莫使復陽矣！

莊子這種存在式的心理分析，基本淺顯易懂，在這樣的問題意識下，莊子解決問題的整個方案，其實也就很明顯了。既然整個存在的苦痛皆來自比較，則停止比較也就是唯一的方法，這就是莊子「莫若以明」〔註17〕之所說。生命之明何由而獲得呢？簡單說，惟有跳出任何「對待」的執念。所有比較皆來自內在對比較對象與我差別之對比，於此差別之對比起執念，起妄想，於我勝對象則喜，於我不勝對象則悲，遂墮於比較之機栝而無以自拔矣！而於此差別對待無所執念，心無所待，這就是明。故列子有待於風，宋榮子傲然物外，遂皆有所執，唯「天地之正、六氣之辯」無所不可乘者，乃為至人、

〔註16〕〔清〕郭慶藩：《莊子集釋》，頁51。
〔註17〕〔清〕郭慶藩：《莊子集釋》，頁63。

真人、神人〔註18〕，也就是一種徹底的「自在人生」之完成。

於是，莊子這樣的主張，乃須歸結於一種內在精神世界的實踐，此即從內在心靈世界去掉對一切對待的執念，此一去除執念的實踐，莊子即名之曰忘，忘者，非遺忘之謂也，乃精神無所住著，不為任何事物所捆綁，猶《金剛經》所謂的「應無所住而生其心」之謂也。因此，所謂的忘情，非所謂無情，乃於情本身之雖有情而無情之住著相，有情故此情自可一往而深，且需注意的是，此情之一往而深乃是前提，情需在自我貞定之下，進一步讓此情可以自由流動，追求一種表現上的自在，所謂「情到深處情轉薄」是也。此薄非對情之否定，只是以「正言若反」之「詭辭」的方式，謂一種「無著相」之情，如是而已。因此，這必是一種由情之一往而深後的另一境界，情之一往而深乃是情之自我純粹化，由此情的純粹化，進至情的自在化之境界。於是我們乃可說，忘情才是一種對情的真正成全，一種就莊子來說，永遠於人無所傷的情。

如此而說的忘情，如前所說，當然的確和「縱情」乃是兩個完全不同的概念。我說縱情必以「情執」為前提，這是很顯然的。縱情的概念可以是比較寬泛的，它可以是「太下不及情」的縱情，這縱字就只是放縱而已，於此之縱情即放縱情欲之謂也。《紅樓夢》裏說「皮膚濫淫」大概就是這樣一種情況。這一意的縱情無論在現實中如何普遍存在，它從來不是中國文化傳統裏所想表達的一面。但縱情也可以是另一意思，此即情之一往而深，即「鍾情」之謂也。然無論是哪一個意思的縱情，都和忘情有著概念上的對立性，這是沒有問題的。可是如果我們撇開「太下不及情」的情欲泛濫之義不看，純就「一往而深」的鍾情來看，依我們上面所說，忘情在實踐上又必須以一往而深的鍾情為前提，郱當我們討論莊子思想與魏晉這種「顯情、縱情」思想之間的關係時，就又似乎有另一層意思值得關注了。

從鍾情到忘情，存在著某種概念層次的矛盾與對立統一的關係，這是我們上面分析的。就實踐的層面說，忘情必須以能鍾情為基礎，沒有情之一往而深，就不可能有機會體會情之真正盾在。人固然可能只有深情，然後因情之執念而深陷於此情中，遂永不得自在，但絕無可能直接跨越此深情，即得情之自在。原則上說，情作為一種可以在生命中引發深刻執念的心理，它的情形是如此，則其他足以引發類似執念的心理也該是如此。從莊子思想的角

〔註18〕〔清〕郭慶藩：《莊子集釋》，頁 16～17。

度說，凡足以引發執念的心理終將因此執念而自傷，但換個角度來說，執念在人間也並不是一無是處，在人間，若無擇善固執，就成就不了一個道德的世界。牟宗三先生在講佛教不相應行法時，也提到這些看來是執念的不相應行，卻是成就世間許多知識必須具備的心理條件〔註 19〕。同樣的，如筆者在〈魏晉玄學中「情」的命題〉一文中所說，一種情感上的專注，乃是成就藝術創作的關鍵。這也就是說，人間的執念固然帶來了許多生命的創傷，但也同樣是引發許多價值創造的原動力，這兩者之間的辯證關係，是值得深刻體會的。

我們現在把問題回到玄學的脈絡上，上文筆者說，魏晉的名士風度，其真正來源並不是莊子思想，而是來自嵇康、阮籍對顯情、縱情的實踐。這一方面固然表示了名士風度並不見得導向到一種莊子式人格的實踐，但另一方面，如果莊子思想確實可以是由顯情、縱情之純粹化而自在化的一種價值性的發展，而且莊子思想之得以發揮，正須以顯情、縱情之純粹化為前提的話，那麼嵇康就不只是如筆者在其他文章中所說的，他可以為重新接引莊子思想回到整個思想發展的洪流中來，鋪平了理解與詮釋的道路而已，同時他也為莊子思想在人格上的實踐預備好了基本的前提。還有一點，也就是筆者在〈魏晉玄學中「情」的命題〉文中所說的，顯情、縱情乃是藝術實踐的內在基礎，嵇康通過音樂的實踐，清楚顯示了這兩者間的內在關係，並且也為這一實踐指出了通向莊子人格世界的道路。綜合這三點，我們就可以得到一個有關玄學的新圖像，這圖像基本是如此的：由於嵇康的接引莊子思想，其學術興趣是淡的，他原初的直接目的或者是為了自己人生際遇的巨變，可以排解突然遭逢的隱居生活，並為自己找到一種安頓人生的型範，但通過對藝術的愛好，與自己內在顯情的需求，將自己的人生轉向了一種通過藝術實踐，而導向莊子人格得以實現的目標。這一導向也就初步為莊子思想與藝術實踐之結合，奠立了重要基礎。嵇康這做法深刻影響了阮籍，雖然阮籍實際上對莊子的體會是很淺的，而且多半只是一種誤解，他的詠懷詩文學成就固然極高，然多半只是一種縱情式的純情表現，他的情感純粹深沉，但通過嵇康而來的一種源自莊子的人格召喚，仍給了他一種徘徊於鍾情與忘情之間的喜悅。如果說嵇康與阮籍才是真正的玄學奠基人，那麼由他們所引發的魏晉玄

〔註 19〕牟宗三：《佛性與般若》（上冊）（台北：台灣學生書局，1984 年），頁 140～161。

學，其圖像就十分清晰了，那就是由「顯情、縱情、鍾情」這樣的「純粹情感」作為媒介，以藝術實踐為載體，而指向一種莊子所說的「忘情」為目標的「藝術人生」之實踐。整個魏晉士人所追求的，其實不是一種思想的玄學，而是一種以藝術為載體、一種特定藝術人生為理想的玄學，莊子思想固然藉此而復興了，但是莊子思想主要並不是以思想的形態而存在，而是只有內在於藝術與藝術人生的實踐，對魏晉這個時代而言，才是其正確的實踐場域。這樣我們也就可以理解為什麼只有在像《世說新語》這樣的著作裏，而不是在莊子注中，才能真正看到魏晉這個時代，他們對莊子的理解也許淺薄，但一種「縱情—藝術—莊子」的結合體，才真正代表這個時代，這應該才是事實。

照如上所說，我們才能了解，以一種純哲學的方式來看所謂的魏晉玄學，其實並不是一個恰當的視角。玄學當然有哲學這一面向，這是從莊子思想的復興而帶來的，但是這種哲學的層面從其開端，就被引向了藝術實踐之中，成為了藝術實踐的內在追求，而不是一種思想實踐的追求。這也就是說，徐復觀先生《中國藝術精神》〔註20〕一書後半部所說，才是真正的魏晉玄學及其發展，今天的魏晉玄學相關討論，反而偏離了真正玄學的軌跡。玄學當然促成了佛學在中國的興起，但就玄學而言，這只是它的一個附帶作用，而它本身的發展，更重要的恐怕是體現在山水文學、山水畫的發展上，從山水藝術上，展現了一種藝術人生與自在人生的辯證過程，並以此而出入於鍾情與忘情之間，從而為中國藝術的發展，開闢了一個全新的領域。〔註21〕換言之，玄學的真正歸宿，並不是化作了春泥，去護了佛學的花，玄學從不曾消失，因為從其源頭，它就不是以思想為其主要表現場域，而是以藝術為載體，表現為一種在藝術人生中對自在人生的追求，所以玄學早已藝術化了，它早已

〔註20〕徐先生在此書中將莊子思想視為中國藝術精神的來源，卻不曾解釋這件事是怎麼發生的，我現在的說法等於為徐先生補足了這塊缺陷。

〔註21〕這裏我們也許可以看到哲學、文學與藝術之間的新的關係。在西方，哲學與文學藝術經常處於衝突的關係，用尼采的話說，一個是日神的精神，服膺的是理性，一個是酒神的精神，服膺的是激情。這就成了對立的關係，難有調和的可能了。但是如果順本文所說玄學與文學藝術的關係來說，則彼此之間也就有了一種新的、合作的可能性。在人格實踐的範疇裏，文學藝術提供了一個情感鍛煉的基礎，玄學則指向一種人格境界的完成，於是兩者之間的藩籬可撤，合作的關係可成，這不就開發了一種人生的新境界嗎？也許從這角度來看，玄學乃會有了一個全新的視角，也未可知！

與中國藝術的發展結合為一體，這恐怕才是我們對玄學發展比較正確也比較全面的認識！

四、結語

　　以上筆者提供了一個全新的論證，處理了玄學往何處去的問題，這當然也補足了筆者對玄學整體論述架構的一個重要缺陷。至此，玄學從何而來，又往何處而去，筆者應該已經完成了一個遠不同於今天玄學界相關討論的圖像，並將玄學從一種純粹哲學架構的泥淖中拔了出來，同時也為中國思想與藝術接軌，提供了一個嶄新的路徑。這論證是複雜的，而要處理好從這樣架構所衍生出來的，包括哲學上、思想史上的問題，乃至中國文學史、藝術史上的問題，當然都不會是簡單的，但筆者認為筆者所提供的架構，應該可以提供一個最基礎的框架，讓諸如從兩漢以迄隋唐所有的思想、歷史、文學、藝術都能夠放到這一框架來，並找出各自的發展脈絡。如果說還有什麼不足的地方，也許就是還有關於道教的一些問題，是否在其中也扮演某些角色，筆者仍然沒能完全釐清吧！〔註22〕筆者曾追隨陳寅恪先生的觀點，處理過嵇康家世信仰的問題〔註23〕，也了解山水文學的興起多少和道教求仙思想有點關係，但其間的脈絡我自問還是有些模糊的，不過至少到目前為止，筆者自信已經提供了一個相對所有玄學研究者更清晰的玄學圖像，這點也許還不無貢獻吧！

　　這篇拙文如果還有一些堪稱突破的地方，其實都拜吳冠宏教授所提關於玄學中「情」的命題的問題意識，這讓筆者注意到一個新的可能性。筆者說中國思想傳統中，對情這個概念的意識是薄弱的，文學、藝術當然不可脫離情，可是中國文學、藝術傳統中所說的情，與西方宗教、文學、藝術乃至哲學

〔註22〕也就在玄學興起的同一個時代，道教在中國文化的小傳統中崛起，這是一個複雜的問題，但也是一個之前一直被忽視的問題。直到陳寅恪先生開始注意到這個論題。但是這個論題也一直尚未得到比較好的處理。我現在只知道，當時養生問題的出現，和道教應該脫不開關係，而如果從這角度說，就和嵇康思想有著密切聯繫，那麼我們當然也就不能忽視道教與玄學的可能關連。以前我曾想過去找王弼和道教的關係，但就是找不到，可是嵇康就不一樣了，現在如果我們把玄學的重心轉向嵇康，也就有必要釐清這個問題，可是至少到目前，這點還是我無法駕馭的問題，茲暫提於此，以為日後努力的一個提示吧！陳寅恪先生的相關說法，請見《金明館叢稿初編》談「天師道與濱海地域之關係」等幾篇文章（參見《陳寅恪先生文集》，台北：里仁書局，1981年）。

〔註23〕拙作：《歷史的嵇康與玄學的嵇康》，頁81～99。

所說的以「情欲」為主導的情，又有十分顯著的不同，但這種不同其脈絡究竟如何，似乎一直也沒能講清楚，今筆者此文也許可以提供一個新思路，至少不至於讓許多文學研究者，只能乞靈於西方的架構，拿一個中國傳統其實有些陌生的情欲概念，來硬套到中國的文學藝術傳統中來吧！至於筆者這樣一個分析架構，能有多大的展開空間，就只能俟諸異日了！

收入《吉林師範大學學報（人文社會科學版）》
第 5 期（2019 年 9 月），頁 25～34。